Medard Kehl S.J.
Wohin geht die Kirche?

Eine Zeitdiagnose

Herder
Freiburg · Basel · Wien

In dankbarer Erinnerung
an meine Mutter (1906-1995)

Imprimi potest.
Coloniae, diae 1. Febr. 1996
Götz Werner S.J.
Praep. Prov. Germ. Sept. S.J.

Umschlaggestaltung: Neil McBeath
Titelfoto: Steintreppe, beleuchtet
© Bavaria Bildagentur
Herstellung: Clausen und Bosse, Leck

Gedruckt auf umweltfreundlichem,
chlorfrei gebleichtem Papier.

Printed in Germany.

ISBN 3-451-23961-2

Inhalt

2. Teil:
Innerkirchliche Konflikte – Zeichen des ungeklärten Verhältnisses von Kirche und Moderne

3. Teil:
Perspektiven und Prognosen

Vorwort

Vor nahezu einem Vierteljahrhundert erschien – im Zusammenhang mit der Würzburger Synode der bundesdeutschen Bistümer – ein Herder-Taschenbuch von Karl Rahner: „Strukturwandel der Kirche als Aufgabe und Chance" (1972). Seine „theologische Situationsanalyse" hat bis heute nichts von ihrer Richtigkeit und Aktualität verloren. Im Gegenteil: Eher tritt jetzt, in der Mitte der 90er Jahre, der von Rahner aufgezeigte „Strukturwandel", der sich inzwischen erheblich beschleunigt hat, noch viel schärfer ins allgemeine kirchliche Bewußtsein.

Damit sind aber auch die drei Fragen, die er damals stellte – „Wo stehen wir? Was sollen wir tun? Wie kann eine Kirche der Zukunft gedacht werden?" – heute noch not-wendiger und bedrängender als zum Zeitpunkt ihrer Formulierung.

Ich nehme diese Fragen im vorliegenden Buch wieder auf und versuche, sie für die gegenwärtige Situation der katholischen Kirche des mittel- und westeuropäischen Raums einer Antwort näherzubringen. Dazu greife ich auf Artikel, aber auch auf z.T. unveröffentlichte Vorträge und Diskussionsbeiträge der letzten Jahre zurück, die ich noch einmal kräftig überarbeitet und zu einer konsistenten, theologisch motivierten „Zeitdiagnose" zusammengefaßt habe.

Den dabei vor allem angezielten Adressatenkreis – jene Gläubigen, die den unausweichlichen „Strukturwandel" der Kirche durch ihren Einsatz (wie auch immer der im einzelnen aussehen mag) aktiv mittragen und mitgestalten wollen – möchte ich mit dieser Verstehenshilfe zugleich ermutigen, in aller realistischen Nüchternheit auch die Herausforderungen und Chancen dieser Situation wahrzunehmen und sich ihr gelassen, mit Zuversicht und Vertrauen zu stellen.

Sankt Georgen, Frankfurt a.M., im Januar 1996

Medard Kehl S.J.

1. Teil:

Der kulturelle Kontext

Einleitung: Lust an neuer „Kirchenapokalyptik"?

am rand
am strand
der welt
liegen
große
schöne
bizarre
leere
schneckenhäuser
kölner dome
petersdome
hagiasofias
karolingische
romanische
gotische
byzantinische
19.
20. jahrhundert
schneckenhäuser
daraus das leben
ausgezogen

man sieht
schwarze ströme
touristeninsekten
heraus herein
eilen
wimmeln
in einer unbegreiflichen
hektik
europa
ist zu einem großen
christlichen museum
geworden
europa
zum rand und strand
der welt
mit schönheit aus bronze
marmor
aus sandstein backstein
beton
europa
ein kostbares grab

das grab ist leer
der held erwacht

aber anderswo

(W. Willms)

Dieses Gedicht von Wilhelm Willms trägt den Titel „Vision"[1]. Es scheint die künftige Lage der Kirche knapp und hart auf den Punkt zu bringen. Wenn man die Zahlen der täglich in den wunderbar restaurierten Frankfurter Dom strömenden Besucher vergleicht mit den (deutschsprachigen) Besuchern der Sonntagsgottesdienste in ebendiesem Dom (und ähnlich anderswo), dann möchte man dieser Kirchenvision zustimmen: Die Kirche in Europa – wird sie nicht ein kostbares Grab, aus dem der Geist lebendigen und gemeinsamen Glaubens allmählich zu entweichen droht?

Ich rechne nicht damit; allein schon deswegen nicht, weil ich skeptisch bin gegenüber einer sich gegenwärtig ausbreitenden „Kirchenapokalyptik" innerhalb wie außerhalb der Kirche. Lange Zeit war sie uns eher vom „rechten Spektrum" des Katholizismus her vertraut: „Das Konzil hat den Untergang der Kirche eingeläutet; die Anpassung an den Zeitgeist hat den Geist Gottes aus der Kirche vertrieben. Statt dessen ist der ‚Greuel der Verwüstung' (Dan 9,27) in Gestalt des modernen Unglaubens, eben des Säkularismus und Liberalismus, in das Heiligtum der Kirche eingezogen. Ein kleiner und treuer ‚heiliger Rest' wird das Erbe der alten Kirche weitertragen und nach Kräften die Restauration der vorkonziliaren Kirche betreiben usw."

In den letzten Jahren ist nun in der größeren (kirchlichen wie gesellschaftlichen) Öffentlichkeit eher eine „Kirchenapokalyptik" bürgerlich-liberal-postmoderner Couleur salonfähig geworden und gehört bei uns schon fast zur „political correctness", wenn es um religiöse Themen geht. Die großen Illustrierten und Magazine bringen regelmäßig zu besonderen christlichen Festen bestimmte religionssoziologische Analysen und Zeitdiagnosen, die den Niedergang und Untergang der Kirche hierzulande prognostizieren. Medienpräsente Theologen schlagen in die gleiche Kerbe: Die Zeit der kirchlichen Institution und ihrer Dogmen, ihrer traditionellen Gemeinde- und Amtsstrukturen, ihrer Theologie, ihrer Moral und Pastoral sei endgültig vorbei; und man solle als gläubiger Christ alles tun, um den Untergang *dieser* Kirche zu beschleunigen, damit endlich das wahre, allein an Jesus oder der Urkirche orientierte Christentum aufgerichtet werden könne. Nur so könne sie in der gegenwärtigen „religiösen Szene" überleben.

So verschieden die Herkunft und die Intentionen gegenwärtiger Kirchenapokalyptiken auch sind, so haben sie doch von ihrem literarischen Genus her vieles gemeinsam – eben die typisch „apokalyptischen" Merkmale: Mit einer gewissen Lust sehen sie den Untergang der Kirche bei uns voraus und tragen das Ihre dazu bei, daß er auch wirklich bald eintritt. Sie verzichten großzügig auf jede differenzierte Phänomenanalyse und arbeiten mit einer plakativen und suggestiven Schwarz-Weiß-Malerei, bei der die Fronten zwischen Gut und Böse, z.B. zwischen Jesus und der Kirche, klar und eindeutig gezogen werden, und wo wenigstens die Feindbilder noch richtig stimmen. Schließlich sammeln sich unter diesem Banner kritisch-liberaler Kirchenapokalyptik auch neue Gemeinden, die sich – in zunehmender Distanz von den dem Untergang geweihten klassischen Großkirchen – als die wahren Traditionsträger des Evangeliums Jesu in das 3. Jahrtausend hinein verstehen.

Nun, solche Apokalyptik enthält zweifellos – heute wie vor gut 2000 Jahren – auch ein dickes Körnchen Wahrheit: Sie signalisiert meist eine außerordentliche Krisensituation; diese wird dann aber häufig in ein aussichtsloses Degenerations- und Katastrophenszenario hineinprojiziert, das dazu beiträgt, daß eine größere Öffentlichkeit aufgeweckt, aufgeschreckt und eventuell zum Handeln motiviert wird. Allerdings ist der Realitätsverlust in solchen Welt- oder Kirchenuntergangsbildern erheblich; und das macht das Gespräch mit solchen Apokalyptikern so schwierig. Wo die differenzierte Wahrnehmung der Realität als Bezugspunkt eines gemeinsamen Diskurses in der

Kirche nicht mehr gegeben ist, gibt es nur noch die Alternative „alles oder nichts", Kampf oder Resignation. Das mühsame, differenzierende Fragen und Suchen nach den wirklichen (und nicht einfach postulierten) Ursachen, nach Auswegen und nach den nächsten Schritten hin zu einer Verbesserung der Situation wird jenen überlassen, die noch immer an eine Zukunft der institutionellen Kirche glauben.

Ich für meine Person rechne mich zu diesen Leuten. Denn sosehr zwar die Apokalyptik zu allen Zeiten in der Deutung geschichtlicher Vorgänge ein gewisses Recht behält, sowenig läßt sich aber auch die Tatsache leugnen, daß bereits im Neuen Testament durch die Reich-Gottes-Verkündigung Jesu die Apokalyptik seiner Zeit sehr relativiert und korrigiert wurde: Jesus ging von der „Senfkorn"-Realität des Reiches Gottes mitten unter uns aus und propagierte zu dessen Ausbreitung den Weg der kleinen Schritte der Nächsten- und Feindesliebe. Warum soll dieser Weg nicht auch für das spirituelle und strukturelle Umgehen mit der gegenwärtigen Situation der Kirche gültig sein können?

Von daher bin ich zutiefst überzeugt, daß wir die jetzigen Veränderungsprozesse der europäischen Kirche viel angemessener geistlich deuten und verstehen können mit einem biblischen Bild, das bewußt die apokalyptische Metapher vom „Weltuntergang" und „Weltende" *christologisch* neu interpretiert hat: nämlich das Bild vom *Weizenkorn*, das stirbt und dadurch neue Frucht bringt. Ich beziehe es auf bestimmte, geschichtlich-soziologisch gewachsene *Formen* der Kirche, die aber nicht einfachhin mit der Kirche Jesu Christi identisch sind, auch wenn wir sie in unserem Sprechen über die Kirche oft einfach damit identifizieren. Aus dieser Perspektive heraus frage ich mich angesichts vieler Phänomene unserer augenblicklichen kirchlichen Entwicklung: Muß nicht vielleicht einiges von der alten Gestalt der Kirche, die wir seit der ersten Hälfte des 19. Jahrhunderts kennen und die uns von unserer Kindheit her vertraut ist, *sterben*, weil es nicht mehr „an der Zeit" ist und die Kirche deswegen für viele durchaus suchende Zeitgenossen (gerade der jüngeren und mittleren Generation) nicht mehr das Zeichen der heilenden Liebe Gottes darstellt? Muß nicht vieles heute an ihr gleichsam soziologisch sterben, damit Neues werden kann, damit Gottes Geist sich in einer Gestalt von Kirche verkörpern kann, die viel sensibler auf die „Zeichen der Zeit" reagiert? Sind wir bereit und fähig, vieles an gewohnter, aber eben doch zeitbedingter Kirchlichkeit sterben zu lassen, loszulassen?

Ich denke zum Beispiel an die über lange Zeit hin selbstverständliche Verknüpfung von Volkszugehörigkeit und relativ aktiver Mitgliedschaft in der katholischen oder evangelischen Kirche. Das Christentum war dabei weithin mehr durch das kulturelle Umfeld abgestützt als durch eigene Überzeugung. Darum halte ich es für denkbar, daß die aktiven Christen nicht nur zu einer Minderheit, sondern auch zu Fremdlingen und Fremdkörpern in einer Kultur werden, die sie selbst mit aufgebaut haben.

Oder: Ist es so selbstverständlich, daß das Gotteshaus, wo wir uns zum Gottesdienst versammeln, nicht viel weiter von unserer Wohnung entfernt ist als der nächste Bäckerladen oder die Bushaltestelle? Wahrscheinlich müssen wir von der gewohnten flächendeckenden kirchlichen Betreuung Abschied nehmen und den Lebensstil des „pilgernden Gottesvolkes" viel leibhaftiger, eben durch weitere Wege und größere Beweglichkeit, einüben.

Oder: Wie viele unkommunikative, zentralistische, klerikale Strukturen gibt es noch, die die Kirche in einen völlig unnötigen Kontrast zur modernen demokratischen Rechtskultur bringen, und die augenblicklich zum Teil so überzogen werden, daß sie gerade dadurch über kurz oder lang wohl in sich zusammenbrechen werden?

Viele der schmerzlichen Prozesse innerhalb der Kirche – und noch mehr im Verhältnis zu unserer Kultur, die sich augenblicklich in einem rasanten Tempo und teilweise auch mit einem großen Befreiungspathos von ihrer christlichen Vergangenheit ablöst – deute ich als „Geburtswehen" einer neuen, weithin noch unbekannten Gestalt von Kirche. Ob diese einfachhin „besser" sein wird als die jetzige, ist völlig ungewiß. Nur: Wir brauchen angesichts dieser „Transformation" der Kirche weder in Panik oder Resignation noch in apokalyptische Untergangsstimmung zu verfallen. Wir können sie durchaus sehr realistisch als *Chance* und *Herausforderung* begreifen.

Ganz in diesem Sinn wendet der Amsterdamer Studentenpfarrer Bernard Rootmensen sehr pointiert die biblische „Wüsten-Metapher" auf die gegenwärtige Lage der europäischen Kirche an: Das neue Volk Gottes wird hier im Augenblick – wie einst Israel in Ägypten – aus jahrhundertelang vertrauten Lebens- und Strukturformen herausgerissen; es muß sich auf den mühsamen Weg durch (christlich) zunehmend „versteppte", „verwehte" und „verwüstete" Landstriche machen, viele verlockende Flucht- und Irrwege dabei zu vermeiden suchen, verborgene Quellen des Glaubens und Oasen der Hoffnung neu entdecken und in noch so angefochtener Zuversicht der Verheißung trauen, daß Gott sein Volk nicht verläßt, sondern es zu neuen, ungeahnten Lebensräumen führen will.[2]

Die folgenden Überlegungen wollen dazu ermutigen, sich getrost auf diesen Weg einzulassen, ohne dabei der notwendigen Ernüchterung über die reale Situation der Kirche auszuweichen. Darum soll im 1. Teil erst einmal diese Situation (auch mit Hilfe neuerer religions- und kultursoziologischer Analysen) möglichst ungeschminkt zur Sprache kommen.

I. Der hermeneutische „Schlüssel":

Kirche im Übergang zu einer neuen Phase des Verhältnisses von christlichem Glauben und neuzeitlicher Kultur

Was macht eigentlich unser Leben als Kirche und in der Kirche augenblicklich so schwierig, daß es zutreffend als „Wüstenwanderung" bezeichnet werden kann? Natürlich lassen sich dafür viele Gründe aufzählen; aber für das Verstehen, Deuten und Bewältigen der Situation hängt sehr viel davon ab, wo man „des Pudels Kern" sucht, welchem Phänomen man eine heuristische Schlüsselposition für alle anderen Problemfelder zumißt. Ich möchte darum meiner theologischen Zeitdiagnose folgende *These* zugrundelegen:

1. Die These

Die eigentlichen Wurzeln der gegenwärtigen Problematik von Christentum und Kirche in Europa (ob katholischer oder evangelischer Provenienz) liegen m.E. in der geschichtlich gewachsenen und augenblicklich in eine neue Phase tretenden Verflechtung bzw. Abgrenzung von Kirche und abendländisch-neuzeitlicher Kultur. Weil diese von der Aufklärung geprägte Kultur der europäischen Neuzeit sich ihrerseits in einer starken Umbruchphase befindet (man spricht diesbezüglich häufig von einem „Modernisierungsschub" innerhalb der europäischen Gesellschaften, s.u.), haben alle größeren und kulturtragenden gesellschaftlichen Verbände oder Institutionen, die aus ihrer jeweiligen Tradition heraus eine bestimmte inhaltlich-weltanschauliche Überzeugung vermitteln wollen (also z.B. die Gewerkschaften, die europäische Sozialdemokratie, Schule, Universität, und eben auch die Kirchen), auf ihre Weise an den Schwierigkeiten teil, die sich aus dieser allgemeinen kulturellen Entwicklungsphase ergeben. Die *katholische* Kirche ist davon noch einmal besonders betroffen, weil sie durch ihre in den letzten beiden Jahrhunderten gewachsenen „Milieus" und ihre hierarchisch-zentralistischen Leitungsstrukturen ein relativ starkes subkulturelles Eigenleben führen konnte. Dieses löst sich allerdings im Augenblick weithin auf, so daß in einer konfliktreichen Auseinandersetzung mit der modernen Kultur Ort, Sinn und Gestalt von Glauben und Kirche neu zu definieren versucht wird.[3]

Dies geschieht unter erheblichen Verlusten an traditioneller Kirchlichkeit der Gläubigen, was sich zunehmend auch auf die strukturelle Gestalt von Kirchen und Gemeinden auswirkt. Darum ist die Suche nach neuen Sozialformen, in denen der christliche Glaube auch in einer stark modernisierten, von traditionellen Elementen sich weithin lösenden Kultur angemessen leben und weitervermittelt werden kann, *die* Herausforderung der gegenwärtigen europäischen Kirche. Erschwerend kommt hinzu, daß die universalkirchliche Leitung in Rom und, von daher gestützt, auch Verantwortliche in verschiedensten Ortskirchen momentan wenig kreative und flexible Unterstützung dieses notwendigen Innovationsprozesses leisten. Sie scheinen aus einem tiefsitzenden Mißtrauen gegenüber der Moderne heraus eher einen (in sich und nach außen geeinten) Milieukatholizismus traditioneller Prägung zu favorisieren, wenn auch auf einem bedeutend niedrigeren Niveau als noch vor 20-30 Jahren, jedenfalls was die Quantität und die kulturprägende Präsenz der Kirche angeht. Soweit die These.

Mir liegt viel daran, zu betonen, daß die zahlreichen innerkirchlich-hausgemachten Konflikte gerade der letzten Jahre zwar eine schöpferische Auseinandersetzung zwischen Kirche und Moderne erheblich belasten; sie eröffnen zu viele unnötige, das öffentliche Bild von Kirche übermäßig bestimmende und verzerrende „Nebenkriegsschauplätze". Aber dennoch sind sie m.E. nicht die eigentlichen Ursachen z.B. dafür, daß die kirchliche Glaubensverkündigung in Gottesdienst, Katechese, Gemeindeleben und Religionsunterricht in den letzten Jahrzehnten signifikant schwieriger geworden ist, daß das Verhältnis zwischen aktiven und inaktiven Mitgliedern der Kirche immer asymmetrischer wird, daß alle kirchlichen Berufe, zumal Priester- und Ordensberufe, immer weniger Anklang finden usw. Ich bin überzeugt: Auch wenn wir unsere innerkirchlichen Konfliktfelder einigermaßen kommunikativ angehen und einer befriedigenden Lösung entgegenführen könnten, wäre damit diese Problematik, die an den Nerv unserer kirchlichen Existenz geht, noch immer weitgehend ungelöst. Daraus folgt aber keineswegs, daß wir die Lösung der innerkirchlichen Probleme weiter verschieben, verdrängen oder abwerten können; nein, nur sollten sie nicht isoliert, also nicht bloß aus einer stark binnenkirchlichen Perspektive und ihrer Polarisierung zwischen traditionalistischem und liberalem Kirchenverständnis heraus wahrgenommen und angegangen werden, sondern im größeren Kontext unserer kulturellen Gesamtentwicklung in Europa.

2. Ratlos, aber nicht heillos

Bei einer solchen kulturellen Perspektive tritt nun sehr markant ein *Grundproblem* aller größeren christlichen Kirchen in Europa hervor – nämlich die Ratlosigkeit darüber, wie wir heute unseren Glauben an Gott als personale „Urquelle" allen Lebens, als die universale Kraft liebender und begleitender „Sympathie" so verkünden können, daß der Funke bei den Menschen (gerade bei den jüngeren) überspringt, daß sie mit Herz und Kopf verstehen: Es ist gut und zutiefst befreiend, auf diesen Gott sein Leben zu gründen, ihm mit und in Jesus nachzufolgen und an seinem Reich mitzubauen.[4] Diesen Kern der christlichen

Botschaft können wir immer schwieriger „rüberbringen", sei es im Wort oder durch unser Leben. Die klassischen Institutionen der Glaubensvermittlung greifen nur noch sehr vereinzelt; es scheint fast allein noch über persönliche Beziehungen, Gespräche, Vorbilder, Kleingruppen o.ä. zu gelingen, was aber naturgemäß sowohl intensiv wie extensiv nur sehr begrenzt möglich ist. Die zentralen Begriffe und Realitäten unseres Glaubens (Gott, Schöpfung, Erlösung, Jesus Christus, Gnade, Sünde, Heil, Auferstehung usw.) sterben in vielen Herzen der mittleren und jüngeren Generation den Tod des Nichtverstehens, des Kaltlassens, der Bedeutungslosigkeit.[5]

Von daher werden gerade bei den engagierten Christen die Selbstzweifel immer quälender: Worin besteht denn überhaupt die Rolle der Kirche in der modernen Gesellschaft? Was ist ihre Sendung, wenn ihr Herzstück, eben der persönliche Glaube an Gott, so wenig gefragt ist? Wenn der Durst nach Gott scheinbar verlorengegangen ist – oder zumindest auf vielfältige andere Weise gelöscht werden kann –, wozu braucht es dann noch die Verkündigung der Kirche? Hat der christliche Glaube in Europa überhaupt noch eine Zukunft? Die Erfahrung einer „nachchristentümlichen Gesellschaft" (L. Bertsch) stellt für uns etwas Neues und zutiefst Beunruhigendes dar, gerade wenn man sie immer unverblümter im eigenen Familien-, Freundes- und Wirkungskreis macht. Um auf *diese* Fragen eine Antwort zu finden, ist ganz entscheidend, zunächst einmal diese Situation auszuhalten und sich die Ratlosigkeit ehrlich einzugestehen; und zwar jene Ratlosigkeit, die uns angesichts des verständlichen Wunsches nach umfassenden, gleichsam „flächendeckenden", die Situation spürbar verbessernden Ansätzen für einen neuen Aufschwung der Kirche hier bei uns befällt.[6] Wir haben unendlich viele gute Ideen und Programme; wir reden heute viel von der „Neuevangelisierung Europas". Aber im Grunde weiß keiner, weder Papst noch Bischöfe, Pfarrer, Propheten, Theologen oder sonstige Charismenträger in der Kirche, wie diese Ideen in der Realität so umgesetzt werden können, daß sie auf breiter Ebene wirksam werden. Weder der nachkonziliar begonnene, noch recht schleppende Dialog der Kirche mit der modernen Kultur noch die direkte Konfrontation unserer Zeitgenossen mit dem Evangelium (im Sinn evangelikaler oder freikirchlicher Missionsmethoden), noch eine traditionalistische Abschottung gegen die Moderne im kirchlichen Binnenraum zeigen sich als im großen Stil erfolgreich. Wir machen im Augenblick die Erfahrung einer zwar nicht materiell und strukturell, aber doch spirituell armen und ratlosen Kirche.

Dies ehrlich und demütig anzunehmen, kann ein wichtiger Schritt zur Heilung sein – eben nach dem alten (christologischen) Motiv der Kirchenväter: „Was nicht angenommen ist, kann auch nicht geheilt werden." Oder, etwas profaner ausgedrückt: Können wir gute Verlierer sein im kulturellen (auch innerkirchlichen) Spiel um Anerkennung und Resonanz? Können wir es mit Noblesse und Anstand, ohne lähmende Passivität und ohne Beschimpfung der anderen, wirklich annehmen, daß wir eine kulturelle Minderheit werden? Können wir uns sogar im privaten Bereich unserer eigenen Kinder, Enkel, Freunde oder Partner zu jener Gelassenheit „durchbeten", die sie ihren eigenen, von unserem Glauben (anscheinend) weit wegführenden Weg gehen läßt, ohne daß wir darauf mit Vorwürfen, Druckmitteln oder der Minderung unserer Zuneigung reagieren?

3. Die kircheninternen Konflikte in gutem Sinn „relativieren"

Gegenüber solchen Fragen sind unsere hausgemachten, spezifisch katholischen Kirchenprobleme wirklich sekundär. Ich will sie damit keineswegs bagatellisieren (sie verursachen viel Leid und überflüssigen Energieverbrauch), wohl aber relativieren, d.h. in den größeren gesamtgesellschaftlichen und kulturellen Zusammenhang stellen. Dadurch lassen sich viele Phänomene sehr viel realitätsgerechter verstehen. Zugleich entlastet und entkrampft eine solche Perspektive nach meiner Erfahrung die innerkirchliche Diskussion erheblich – denn ohne uns einfach aus der Verantwortung für das, was augenblicklich kulturell und kirchlich geschieht, stehlen zu wollen (das jahrzehntelange Verdrängen und Tabuisieren ungelöster innerkirchlicher Konflikte verschärft diese natürlich von Jahr zu Jahr!), so müssen wir doch auch in ehrlicher Selbstbescheidung zugeben: An vielen grundlegenden, für den kirchlichen Glauben auch bedrohlichen Entwicklungen innerhalb wie außerhalb der Kirche können wir unmittelbar nicht viel ändern; wir müssen sie erst einmal sehr besonnen, „sine ira et studio", wahrnehmen und auch im Glauben annehmen, so weh es uns auch manchmal tun mag.

Insofern kann ich mich gelegentlich des Eindrucks nicht erwehren, daß heute bei mancher unbarmherzigen Kirchen- und Amtskritik, zumal bei dem ständigen unproduktiven und freudlosen Kreisen um die immer gleichen ungelösten Strukturfragen, *auch* (nicht *nur*) ein gewisser Sündenbockmechanismus am Werk ist. Denn ich vermute, daß es in unserer Kultur auch so etwas wie Trauer über den verlorengehenden Glauben an den christlichen Gott gibt, eben über die eigene, wachsende Unfähigkeit zu glauben und zu beten. Sie wird vielleicht von manchen (unbewußt) doch auch als Wert- und Kulturverlust erfahren. Die öffentliche Verarbeitung dieses Verlustes äußert sich nun u.a. auch in einer massiven Schuldzuweisung an die Kirche: „*Sie* ist schuld daran, daß wir und andere nicht mehr an Gott glauben können; denn einer so unmenschlichen, erstarrten Institution kann man eben nichts glauben; wenn sie sich selbst so unglaubwürdig darbietet, wird auch ihre Glaubensbotschaft nicht viel taugen." Mit immer neuen, durchaus z.T. auch berechtigten Sündenregistern aus Vergangenheit und Gegenwart der Kirche kann man sich so immer undurchdringlicher abschirmen gegen die eigene Verantwortung in der religiösen Wahrheitsfrage und gegen den Ruf, eine in der Sache des Glaubens selbst begründete Entscheidung für oder gegen diesen zu treffen.[7]

Diese existenzielle Auseinandersetzung mit dem Glauben wurde bis vor gut 30 Jahren den einzelnen durch die akzeptierten kirchlichen und kulturellen Vorgaben sehr erleichtert, wenn nicht gar abgenommen. Seitdem diese Vorgaben nicht mehr selbstverständlich übernommen werden, tritt an ihre Stelle nun vielfach die öffentlich institutionalisierte und legitimierte *Kirchenkritik:* Sie übernimmt heute – allerdings mit umgekehrtem, eben negativem Vorzeichen – häufig die gleiche Entlastungsfunktion für die persönliche Auseinandersetzung mit dem Glauben wie die früher hochinstitutionalisierte Kirche der konfessionellen Milieus.

Um nicht falsch verstanden zu werden: Ich möchte mit diesen Überlegungen keineswegs die vielen Sünden der Kirche in Geschichte und Gegenwart verleugnen oder verharmlosen! Daran, daß sie im Augenblick eine so große Resonanz selbst unter Christen finden, ist die Kirche auch keineswegs unschuldig; die Scheu, ihre Verfehlungen und Verirrungen offen einzugestehen, die unselige, noch immer andauernde Praxis autoritärer Entscheidungen und die mangelnde Transparenz vieler innerkirchlicher Vorgänge nähren schließlich den Boden für solche Abwehrreaktionen.

Und doch scheint mir dieses (gegenüber vielen vorkonziliaren Epochen ja durchaus auch schon verbesserte) Verhalten der Kirche *allein* nicht hinreichend zu sein, um die gegenwärtige Schärfe der Polemik gegenüber Kirche und Christentum zu erklären. Die Gründe dafür sind doch wohl eher kulturbedingt: Die jahrhundertelange, zwar stets spannungsgeladene, aber auf jeden Fall kulturprägende Beziehung zwischen den europäischen Gesellschaften und den Kirchen zeigt sich im Augenblick als ein großflächiger Emanzipationsvorgang, der unvermeidlich seine spezifischen Aggressionen, Verwundungen und Ratlosigkeiten mit sich bringt. Um diesen Vorgang kirchlicherseits in Gelassenheit (und vor allem in ungebrochener Liebe zu den Menschen unserer Kultur) zu bestehen, bedarf es sowohl einer nüchternen Kenntnis der Situation wie auch einer angemessenen geistlichen und theologischen Beurteilung; dazu möchten die folgenden Überlegungen einige Hilfestellungen bieten.

Zunächst geht es im Rahmen dieses 1. Teils darum, die vorgetragene These detailliert zu begründen. Dazu greife ich auf einige neuere kultur- und religionssoziologische Untersuchungen zurück, die für ein theologisches Verstehen unserer kirchlichen Gegenwart sehr erhellend sein können.

II. Kultur- und religionssoziologische Aspekte einer theologischen Zeitdiagnose

1. Kirche in der Moderne

a) Der sog. „Modernisierungsschub"

Die Begriffe „Moderne" und „Postmoderne" sind heute gängige Selbstdeutungsmuster unserer europäischen Gegenwartskultur.[8] Das hat v.a. mit dem kulturellen Umbruch zu tun, der Ende der 60er Jahre in der ganzen westlichen Welt eintrat (Stichwort: die „68er-Generation") und den man zutreffend als „Modernisierungsschub" bezeichnen kann.[9] Das bedeutet: Es setzt sich jetzt immer stärker auch *kulturell* – also in der alltäglichen Lebenswelt der Menschen aller Generationen, aller sozialen Schichten und aller religiösen Konfessionen – das durch, was *strukturell* bereits seit Beginn der Neuzeit – also durch die europäische Aufklärung – angelegt war. Und dies ist (in sozialphilosophischer Perspektive betrachtet) v.a. die unbedingte Vorrangstellung des individuellen *Subjekts* vor allen verbindlichen Traditionen und Institutionen.

Dabei ist allerdings der große Unterschied unserer gegenwärtigen Kultur der Subjektivität zur klassisch-neuzeitlichen Moderne des 19. und der ersten Hälfte des 20. Jahrhunderts zu beachten. Dort wurde (zumindest als Programm! – realiter war die Neuzeit schon immer sehr dialektisch) das menschliche Subjekt – im Sinn der drei berühmten Fragen Kants: Was kann ich wissen oder erkennen? Was soll ich tun? Was darf ich hoffen? – vor allem durch seine *universal* geltende Rationalität bestimmt, sowohl im vernünftigen Erkennen wie im sittlichen Handeln und schließlich auch im religiös-weltanschaulichen Gesamtentwurf: Alle drei menschlichen Grundvollzüge müssen sich vor der universal gültigen Vernunft ausweisen können. Nur das gilt, was für *alle* Subjekte gelten kann, was also argumentativ, ethisch-praktisch und religiös verallgemeinerungsfähig, universalisierbar ist. Bekannt geworden ist ja v.a. die Grundlegung der neuzeitlichen Ethik in Kants „kategorischem Imperativ": „Handle so, daß die Maxime deines Handelns zur Maxime des Handelns aller werden kann!"

Diese Gestalt der Subjektivität ist durch ihre (besonders in Wissenschaft, Technik und Wirtschaft erfolgten, aber inzwischen allgemein manifesten) Übertreibungen und ihre inneren Widersprüche in eine Krise geraten. Ich nenne nur einige bekannte Stichworte: die fortschreitende Zerstörung der natürlichen Lebensbedingungen durch die (zweifellos sehr „effektive") Instrumentalisierung der Natur; die Abwertung des Emotionalen und Ästhetischen zugunsten einer einseitig zweckrational verstandenen Vernunft; die Tendenz zum Totalitären, insofern diese Vernunft alle und alles (z.B. in universalen Gesellschafts- und Geschichtsentwürfen) vereinnahmen will. Wenn auch diese klassische Form des neuzeitlichen Vernunftglaubens in vielen Bereichen des gesellschaftlich-öffentlichen Lebens weithin noch immer vorherrscht, so setzt sich im persönlichen und lebensweltlichen Bereich, v.a. im Wertebewußtsein vieler Menschen, in Kunst und Literatur doch zunehmend ein anderer Begriff von Subjekt und Subjektivität durch: nämlich der des *individuellen Selbst*. Im Sinn der sog. „humanistischen Psychologie" und ihres Zentralbegriffs der „Selbstverwirklichung" erhebt dieses „Selbst" den *eigenen Standpunkt* beim Erkennen, das *eigene Gewissen* beim Handeln und die *eigene Biographie* mit ihrem spezifischen Lebensgefühl und Lebensstil beim Entwurf einer umfassenden Sinnperspektive zum Maß aller Dinge, zum (zugestandenermaßen sehr fragilen) Orientierungspunkt allen Erkennens, Handelns und Hoffens.

Diese verwandelte Grundeinstellung, die das eigene, partikuläre Selbst und seine perspektivisch-begrenzte Lebenswelt so entschieden der allgemeinen, universalen Vernunftperspektive vorordnet, dürfte der Kern dessen sein, was heute von manchen Zeitdiagnostikern als „Postmoderne" bezeichnet wird. Ob man darunter wirklich eine ganz neue Phase *nach* der Moderne versteht (z.B. J. F. Lyotard[10]) oder nur eine neue Phase *innerhalb* der Moderne, die sich ihrer Ambivalenzen und Widersprüche stärker bewußt wird („reflexive Moderne"[11]), ist für uns zweitrangig. Wichtiger sind v.a. zwei *Grundwertungen*, die mit dieser Mentalität verbunden und für unsere Frage nach dem Zusammenhang zwischen Glauben und Kultur bedeutsam sind[12]:

b) Grundwerte der „reflexiven Moderne"

(1) Radikale Pluralität

Die Neuzeit war geistes- und zeitgeschichtlich sehr stark geprägt durch verschiedene innerweltliche Zukunftsvisionen, die – getragen von einer Avantgarde – fortschreitend auf die Befreiung und das Glück der ganzen Menschheit hin realisiert werden sollten. Alle diese universalgeschichtlichen Utopien bzw. „Zukunftsmythen", die die Einheit und Vollendung der ganzen Menschheit in der Zukunft im Blick hatten (J. F. Lyotard nennt sie die „großen Erzählungen" oder „Metaerzählungen"), und die weithin die geltenden Denk- und Handlungsmuster einer Epoche legitimierten, verlieren heute zunehmend an Überzeugungskraft. Ob das die Utopie der Aufklärung von der universalen Emanzipation der *Vernunft* und der Freiheit aus allen institutionellen und traditionellen Vorgaben ist (*dagegen* steht die reale Erfahrung der Unvernunft unseres modernen Umgangs mit der Schöpfung, des neuerwachten irrationalen Nationalismus, der großen Bereitschaft zur Gewalt usw.); oder die Utopie der durch Arbeit befreiten *klassenlosen Gesellschaft* im Sozialismus und Kommunismus (*dagegen* steht der Zusammenbruch der realen gesellschaftlichen Systeme dieser Utopie); schließlich die Utopie des *Fortschritts* auf einen allgemeinen Wohlstand hin durch die Entwicklung des freien Marktes und seiner Indienstnahme von Naturwissenschaft und Technik im Kapitalismus (*dagegen* steht die zunehmende Verelendung der Massen der Weltbevölkerung bei wachsendem Wohlstand einer relativ kleinen Elite). Schließlich widerstehe gerade auch die zunehmende Partikularisierung und Nationalisierung der Kulturen dem Prozeß zu einer großen Weltgemeinschaft aller Völker hin und zerstöre den „universellen Emanzipationshorizont" (J. F. Lyotard[13]). Kurz: Es gibt gemäß solchen Deutungen unserer Epoche kein gesellschaftliches Subjekt „Menschheit" mehr, welches die Spannung zwischen der erfahrenen Partikularität, Vielfalt und Gegensätzlichkeit gegenwärtiger Geschichtsträger und der für die Zukunft erwarteten Universalität und Einmütigkeit der *einen* befreiten Menschheit überbrücken könnte.

Stattdessen gelte es, den aus dem Scheitern dieser Phase der Moderne sich ergebenden Zustand der unüberschaubaren, nicht mehr integrierbaren, ohne allgemein gültige Legitimationen agierenden unendlich vielen *Einzelgeschichten* der Menschen, der Völker und der Kulturen anzuerkennen, also unsere radikale Endlichkeit, Kontingenz und Perspektivität anzunehmen und nach neuen Handlungs- und Denkweisen zu suchen, die auch ohne diese Visionen eines universalen Geschichtssubjektes ein humanes Zusammenleben gewährleisten können: z.B. die Tugend der unbedingten Toleranz gegenüber dem Anderen und Fremden, die Offenheit für schlechthin alles, was nicht evidentermaßen selbstzerstörerisch und sozial oder ökologisch unverträglich ist, der neue „Sinn für Sinnlichkeit" (E. Salmann) oder auch die Kunst der „Übersetzung" zwischen den verschiedenen Perspektiven und Sprachen usw.

So ansprechend diese Gegenwartsanalyse zunächst auch klingen mag, so sehr scheint mir dieses Postulat der „radikalen Pluralität" (W. Welsch) doch letztlich in sich widersprüchlich zu sein. Denn sinnvolle, gelingende Vielheit setzt in irgendeiner Weise immer Einheit voraus und bleibt an sie rückgebunden.[14] Ohne eine einigende (natürlich nur kommunikativ und dialogisch anzuerkennende) religiöse, ethische oder weltanschauliche Grundperspektive löst sich das Programm der „radikalen Pluralität" praktisch sehr bald auf in den „Pluralismus der Oberflächenbuntheit" (W. Welsch), der sich auf breitester Ebene in „Beliebigkeit und Oberflächlichkeit" (ders.), in Unverbindlichkeit und Individualismus, in Gleichgültigkeit und Indifferenz gegenüber dem anderen, in Desolidarisierung mit den Leidenden, im überzogenen Selbstverwirklichungskult u.ä. manifestiert. Als Beispiel sei nur die hohe, gegenwärtig von vielen durchaus auch schmerzlich erfahrene *Riskantheit* der Ehe und vergleichbarer, auf Dauer angelegter, von verläßlicher Verbindlichkeit lebender Beziehungen *ohne* einigenden kulturellen Grundkonsens genannt. Die Opfer dieses so schön und leicht anmutenden „Spiels der Freiheit" sind nun erst recht wieder die Schwächeren, z.B. die Kinder, die Behinderten, die Alten

u.a. Allein von daher schon wird sich die christliche Verkündigung nicht unkritisch der postmodernen Mentalität
anpassen dürfen.

(2) Die Veränderlichkeit aller Dinge

Ein weiteres, damit eng zusammenhängendes Kennzeichen unserer gegenwärtigen Epoche dürfte in der Hoch-
schätzung der „grundsätzlichen Veränderlichkeit aller
Dinge"[15] und Zustände liegen. Dabei liegt der Akzent
heute nicht mehr nur auf dem bloßen Faktum einer ex-
trem hohen Mobilität und Flexibilität in allen Lebensbereichen, auch nicht nur auf der weithin geltenden Norma-
tivität der Maxime: Es ist gut und soll so sein, daß sich
alles ständig und möglichst schnell ändert.[16] Der entscheidende Punkt liegt heute v.a. in der *inhaltlichen Leere* dieser ständigen Mobilität und Veränderungsbereitschaft: Sie
bezieht ihre Orientierung und Legitimation weder aus verbindlich akzeptierten Traditionen (wie z.B. die Religionen)
noch aus allgemein motivierenden und integrierenden
Utopien (wie viele Weltanschauungen der Neuzeit). Die
reine Offenheit für das jeweils Andere und Neue und der
unaufhörliche Wandel dazu hin gelten bereits als Wert in
sich; die Zukunft wird v.a. geachtet als „Raum des Möglichen" für schlechthin alles, was der Steigerung einer diffus ersehnten „Lebensqualität" bei den einzelnen, in ihren
persönlichen Lebenswelten und in bezug auf die natürliche Umwelt dienen kann.

Ich breche diese kurze Charakterisierung zweier
Grundwerte der gegenwärtigen Phase der „Moderne" hier
ab. Es liegt auf der Hand, wie wenig kulturelle Abstützung
ein solches Bewußtsein für die Vermittlung unserer jü-
disch-christlichen *Glaubenserfahrung* bieten kann. Diese
beruht ja auf einem Geschehen der *Vergangenheit* (Exodus
und Bundesschluß im Alten Testament, seine Erfüllung
im neutestamentlichen Christusgeschehen); als bleibend
verbindlicher, identitätsstiftender Grund des Volkes Gottes
wird dieser Ursprung über alle Zeiten und Räume hinweg

überliefert und – in Verkündigung, Liturgie und Diakonie – stets neu *vergegenwärtigt;* so wird für das Volk Gottes und (durch seine Vermittlung) für alle Menschen, besonders die Armen, eine inhaltlich bestimmte *Zukunftsvision* eröffnet, nämlich die durch Gottes Liebe und Gerechtigkeit versöhnte Schöpfung im Reich Gottes.

An der Selbstverpflichtung der gläubigen Freiheit auf diese Botschaft hängt die Identität des Christseins auch heute; in ihr gründet z.B. die praktisch-sittliche Lebensorientierung an der biblischen Überlieferung; oder der Wille, ein Leben lang (mit viel Zeit und Geduld) in die Glaubensgemeinschaft der Kirche hineinzuwachsen, um eine persönliche Beziehung zu Gott im Raum des uns vorgegebenen, gemeinsamen Glaubens der Kirche aufzubauen; oder die Hoffnung auf das Reich Gottes als leitender Sinnperspektive unseres gegenwärtigen Erkennens und Handelns; oder das Vertrauen auf das die Geschichte bereits vorwegnehmend erfüllende und vollendende Geschehen der Menschwerdung Gottes in Jesus Christus und seine universale Heilsbedeutung usw. Das alles verliert rapide an Überzeugungskraft in unserer Gegenwart – und zwar nicht nur, weil uns dafür die treffende Sprache und die lebendigen Symbole fehlen (das sicher auch), sondern mehr noch, weil in unserer Kultur geradezu entgegengesetzte Optionen die Oberhand zu gewinnen scheinen. Insofern müssen wir als gläubige Christen zunehmend darauf gefaßt sein, in unserer eigenen, von uns mitverantworteten Kultur zu „Fremdlingen", ja sogar zu Fremdkörpern zu werden. Für das „pilgernde Volk Gottes", dessen Ursprung bekanntlich im Exodus liegt, eigentlich keine ungebührliche Zumutung...

c) Gegen die „Dämonisierung" der Moderne

Es hat nun wenig Sinn, angesichts dieser Situation in das in katholischen Kreisen heute wieder sehr beliebte antimodernistische Klagelied einzustimmen, als ob die moderne Kultur schlechthin vom Bösen wäre und es in ihr keine Brücken, keine Anknüpfungspunkte für die christliche Botschaft mehr gäbe. Mitnichten! Auch diese Kultur ist in das Erlösungswerk Christi eingeschlossen, auch ihr ist das Evangelium in einladender Sympathie zu verkünden, auch sie gehört zur universalen Weggemeinschaft aller Kinder Gottes zum verheißenen Reich Gottes. Darüber hinaus sind viele zentrale Werte, die auch in der gegenwärtigen Phase der Moderne noch Geltung haben, durchaus in ihren anthropologischen und ethischen Grundimpulsen „kompatibel" mit unserem gläubigen Selbstverständnis, ja sogar eine ernste Anfrage an uns: z.B. die Toleranz gegenüber anderen Grundüberzeugungen, also das grundsätzliche Geltenlassen des anderen als anderen, ohne ihn in falscher missionarischer und universalistischer Manier zu vereinnahmen oder zwangsbeglücken zu wollen; oder die Betonung des eigenen Gewissens als letzter Entscheidungsinstanz in allen ethischen Fragen; oder die hohe Wertschätzung von Kommunikation und Partizipation in allen Prozessen, die den einzelnen, die Gesellschaft und die Umwelt betreffen; oder das Verlangen nach Freiheit und Selbstbestimmung in der persönlichen Lebensgestaltung; oder die Skepsis gegenüber absolutistischen Geltungsansprüchen usw. Diese Werte wurzeln durchaus in der abendländisch-christlichen Überlieferung, bekamen aber in den vergangenen Jahrhunderten im Christentum nur wenig Spielraum und werden darum heute oft aggressiv gegen die christliche Vergangenheit unserer Kultur eingeklagt. Sie müssen durchaus auch in der Kirche eindeutig ihr legitimes Heimatrecht haben, wenn diese nicht zu einem traditionalistischen Ghetto mitten in der Moderne werden will.[17]

d) Konsequenzen

Und doch: Bei aller Aufgeschlossenheit gegenüber der Moderne können wir umgekehrt ihre Ambivalenzen keineswegs leugnen. Sie werden deutlich sichtbar, wenn wir zwei besonders gravierende *Konsequenzen* dieser kulturellen Bewußtseinslage für den christlichen Glauben hervorheben:

(1) Christlicher Glaube und institutionenkritische Moderne

Das spannungsvolle Verhältnis zwischen Kirche und Moderne muß im Zusammenhang mit dem schwierigen Verhältnis des neuzeitlichen, sich seiner Freiheit und Individualität bewußt gewordenen Menschen gegenüber *Institutionen* überhaupt gesehen werden. Bereits Hegel sah das Grundproblem der neuzeitlichen Gesellschaft in der wachsenden Entfremdung zwischen dem einzelnen Subjekt und den größeren, formalisierten gesellschaftlichen Organisationen. Diese Entfremdung führt einerseits immer stärker zum Rückzug in die Privatheit der einzelnen; ihre private Lebensphäre, v.a. die Suche nach Geborgenheit und Intimität, wird zum fast ausschließlichen Ort der eigentlichen Lebenserfüllung. Andererseits gelten die gesellschaftlichen Institutionen nur noch als öffentliche Instanzen zur Erfüllung der individuellen Lebensbedürfnisse. So kommt es heute mehr und mehr zu einem krassen, unvermittelten Gegenüber von individuellem Selbst und gesellschaftlicher Realität, und zwar in fast allen größeren gesellschaftlichen Institutionen: in Politik (wie viele würden bei uns aus dem Staat „austreten", wenn sie es könnten!), Bildungssektor, Gesundheitswesen, Kulturbetrieb, Gewerkschaften usw. Überall in unserer Gesellschaft gehört die distanzierte (und darum auch undialektisch-naive und weithin unwirksame) Institutionenkritik zum normalen Bewußtsein vieler unserer Zeitgenossen. Als eine *produktive* Veränderungsstrategie ist demgegenüber sicher das Entstehen und Wachsen vieler überschaubarer, partizipativer Gesellschaftsformen zu nennen, gerade in den neuen sozialen und ökologischen Bewegungen. Die konfliktreiche, aber darum auch innovative Auseinandersetzung der „klassischen" Institutionen mit diesen neuen Bewegungen dürfte die große Herausforderung unserer gegenwärtigen gesellschaftlichen Entwicklungsphase sein. Denn dadurch kann es wohl noch am ehesten gelingen, die individuelle Freiheit wieder mehr (im Sinne Hegels) „konkret", d.h. politisch und sozial relevant werden zu lassen.

In diesen allgemeingesellschaftlichen Prozeß sind auch die großen Kirchen auf ihre Weise einbezogen: Sie werden deswegen zunächst einmal nicht gemäß ihrem eigenen theologischen Selbstverständnis als „Glaubensgemeinschaften" wahrgenommen, sondern als „Amtskirchen", d.h. als öffentliche, durch ihre Hauptamtlichen repräsentierte und bürokratisch strukturierte Organisationen zur Erfüllung der allgemeinen und privaten religiösen Bedürfnisse (wie Angstbewältigung, Verarbeitung von Kontingenz- und Grenzerfahrungen, Hilfe in Sinnkrisen, ritueller Integration individueller und familiärer Lebensstationen usw.). Da die Kirchen sich diesen an sie gerichteten Erwartungen auch in einem nicht geringen Maß angepaßt haben, bieten sie für unsere Gesellschaft unvermeidlich dieses Erscheinungsbild. Sie geraten dadurch aber in ein schwer aufzulösendes *Dilemma:* Je mehr sie den allgemeingesellschaftlichen religiösen Erwartungen entgegenkommen wollen (z.B. die evangelische Kirche noch stärker als die katholische), um so mehr müssen sie erleben, wie die einzelnen auf Distanz zu diesen großen, anonymen, Glauben und Religion „verwaltenden" Institutionen gehen und sie nur noch sehr gelegentlich zur Erfüllung religiöser Erwartungen beanspruchen, aber nicht mehr als *Lebensraum* eines gelebten Glaubens suchen.

Und umgekehrt: Wenn die Kirchen diesen Erwartungen *nicht* zufriedenstellend gerecht werden, wenn sie sich ihnen gegenüber stärker auf ihren eigentlichen Auftrag berufen, das Evangelium Jesu Christi zu verkünden, die Menschen in seine Nachfolge zu rufen und sie so zum Volk des Reiches Gottes zu sammeln, verlieren sie sofort an gesellschaftlicher Resonanz und Relevanz. Ab einem bestimmten Enttäuschungsgrad sucht man sich dann sehr schnell anpassungsfähigere oder „pflegeleichtere" Sinnagenturen.[18]

Der Weg einer neuen Vermittlung zwischen den gesellschaftlich bedingten religiösen Erwartungen der einzelnen einerseits und der kirchlich-institutionellen Verkündigung des Glaubens andererseits dürfte – analog zu den oben erwähnten gesellschaftlichen Vermittlungsweisen – wohl am ehesten über neue geistliche oder soziale Bewegungen in der Kirche (über lebendige „Glaubenszellen", „Lebensgruppen" und Gesprächskreise u.ä., sei es in den Gemeinden oder auch unabhängig von ihnen) gehen. Auf diese neue Vermittlung werde ich später ausführlicher zu sprechen kommen.

(2) Christlicher Glaube und „intimisierte" Religion

Während bis vor einigen Jahren noch das Schlagwort „Jesus ja – Kirche nein" die Stellung vieler Menschen in unseren Ländern gegenüber der Kirche kennzeichnete, gilt heute ein ganz anderes Motto: „Religion möglicherweise ja – personaler Gott nein" (J. B. Metz). Das bedeutet: Sofern Religion sich versteht als Offenheit für Transzendenz (in welchem Sinn auch immer), für letzten Sinn, für den Geheimnischarakter des Lebens, für kosmische Numinosität, für die Erfahrung einer umgreifenden kosmischen Einheit und Ganzheit o.ä., findet sie heute bei uns ein ernstzunehmendes Echo, wie die Faszination durch Esoterik, naturmystisch-ökologische Strömungen, New Age, Neue Gnosis, Alte Mythen usw. beweist. Es ist heute durchaus gesellschaftlich legitim, angesichts der hohen Komplexität und Differenziertheit unseres gesellschaftlichen Lebens nach einer letzten einfachen, sinngebenden

Synthese zu suchen. Aber man sucht sie immer weniger im christlichen Glauben. Seine Botschaft vom personalen, ja sogar menschgewordenen Gott wirkt für viele einfach zu anthropomorph, zu konkret, ja zu verbindlich. Die Offenheit für „das Göttliche" will und kann sich bei vielen nicht mehr konkretisieren zu einer personalen Bindung an ein „göttliches Du", was ja auch verbindliche Konsequenz für das persönliche und soziale Ethos einschließt (z.B. die „Zehn Gebote"). Wenn zudem die Kirche diese Bindung an Gott noch in eine die Glaubenden verbindende, eben verbindliche Sprache (Glaubensbekenntnis, Dogma) faßt, und wenn sie auch noch die sittlichen Konsequenzen dieses Glaubens normativ einfordert, wird die christliche Botschaft dem modernen religiösen Empfinden gegenüber völlig unverständlich. Religion gilt eben weithin als rein subjektive, der persönlichen Intimsphäre angehörende Gefühlssache, die als sinnstiftende Überhöhung des eigenen Selbstverwirklichungsideals in überhaupt keiner Weise intersubjektiv verbindlich formuliert werden kann.

Soweit zu einigen besonders auffälligen Konsequenzen des modernen „Zeitgeistes" für den Glauben. Die Frage wird immer bedrängender: *Wie* können wir diese Herausforderung produktiv annehmen und als Chance gegenwärtiger Verkündigung aufgreifen? Sicher geht es weder durch schlichte Anpassung an den Geist der Moderne noch auch durch einen ängstlichen Rückzug vor ihm in traditionalistische Fluchtburgen. Der christliche Glaube hat seine Identität stets in der Dialektik zweier gegenläufiger Bewegungen gefunden: durch *Anknüpfung* an bestimmte kulturelle Begebenheiten und zugleich – wo nötig – durch *Widerstand* gegen herrschende kulturelle Plausibilitäten. Während uns ersteres über lange Zeit hindurch bis in die Mitte unseres Jahrhunderts (zumindest „subkulturell" in den konfessionellen Milieus) relativ gut gelungen ist, alldieweil wir kulturell fest etabliert waren, müssen wir das zweite im Zuge einer fortschreitenden kulturellen De-Etablierung erst mühsam wieder lernen (vgl. 3. Teil II 3b).

Für unsere *geistliche* Einstellung zur Kirche und zur Kultur bedeutet dies: Wir werden unsere Identität als Volk Gottes heute verstärkt auch in der Form eines partiellen „kulturellen Ungehorsams" (B. Rootmensen) suchen müssen – also in der Bereitschaft zum Wagnis eines Zuges durch „Wüstenetappen", in der wir als einzelne und als Volk Gottes viel bewußter aus unserer gläubigen Grunderfahrung leben müssen und uns nicht mehr in kultureller Absicherung bewegen können.

Darum kann ein Urwort der religiösen Erfahrung Israels und Jesu für die heutige Situation unseres Glaubens neue symbolische Kraft gewinnen: „die Wüste".

„Die Wüste ist wörtlich und übertragen der Raum zwischen Ägypten und Kanaan. Es ist der Ort, an dem die Thora gegeben wurde, der Ort der ersten Liebe. Darum sagt Hosea später: ‚Ich werde dich in die Wüste locken' (Hos 2,16);

die Wüste ist der Ort eines Lernprozesses von 40 Jahren oder 40 Tagen. Sie ist eine ziemlich harte Lebensschule, in der es viel Gemurre gibt;

die Wüste ist der Ort, wo Menschen in Stille und Einsamkeit zur Erleuchtung kommen und wo Gott manchmal zu den Menschen spricht;

die Wüste ist der Ort am Rande der Gesellschaft. Menschen sind dort ‚Insider' und gleichzeitig auch ‚Outsider'. Doch letzteres, das ‚Fremdling- und Gast-Sein', überwiegt dort;

die Wüste ist ein Symbol der Entwurzelung und zugleich der Erneuerung. In dieser letzten Bedeutung findet man ‚Wüste' vor allem in Jes 40-55 verwendet, ein Niederschlag der Wüstentheologie des babylonischen Exils." (B. Rootmensen)[19]

In dem Maß, in dem wir uns diese gläubige „Wüstentheologie" des Alten und Neuen Testaments wieder neu zu eigen machen, kann die Fremdheitserfahrung innerhalb der modernen Kultur durchaus zu einer befreienden *Herausforderung* werden, die uns neu an unsere Ursprünge heranführt, die uns läutert, die uns neue Klarheit und neuen Lebenswillen schenkt, die uns befähigt, der modernen Kultur kreativ zu begegnen und dadurch auch unsererseits zur Überwindung moderner kultureller Fehlentwicklungen beizutragen.

2. Kirche in der „Erlebnisgesellschaft"

In diesem Abschnitt sollen die bisherigen Beobachtungen noch durch eine andere Perspektive ergänzt werden. Sie stammt von dem Bamberger Soziologen Gerhard Schulze, der unsere deutsche Gegenwartskultur als „Erlebnisgesellschaft" charakterisiert.[20] Sein Interpretationsschlüssel, mit dem er unsere Kultur deutet, heißt: „Erlebnisorientierung" bzw. „Erlebe dein Leben!"[21] Durch den Übergang von der Knappheits- zur Überflußgesellschaft hat sich die Lebenseinstellung der Menschen bei uns grundlegend gewandelt: Nicht mehr die „Außenorientierung", die durch Arbeit, sozialen Aufstieg, Altersversorgung o.ä. das Leben oder Überleben sichern soll, steht jetzt im Vordergrund, sondern die „Innenorientierung": „Was schafft mir angenehme Empfindung? Was verhilft dazu, daß mein Leben schön und lebenswert wird?" Die Antwort Schulzes: „Das Projekt des schönen Lebens ist das Projekt, etwas zu *er*-leben"[22]. Dem dient v.a. die „Ästhetisierung des Alltags": Das alltägliche Leben, seine Räume und Gebrauchsgegenstände, die normalen Lebensvollzüge und v.a. der menschliche Körper selbst werden so gepflegt und gestaltet („gestylt"), daß sie eine Erlebnisqualität bekommen – aber nicht bloß in einer oberflächlich-flüchtigen Zufälligkeit, sondern in der Kontinuität eines persönlichen „Stils" und einer bestimmten „Lebensphilosophie", die beide den Rang von sozialen Erkennungszeichen annehmen.

Bei der Überfülle an möglichen Erlebnissen und Stilen zeigt sich zugleich aber auch das Orientierungs- und Anlehnungsbedürfnis der Individuen: „Welche Erlebnisse machen mein Leben denn wirklich auf Dauer schön und sinnvoll?" Dieses Bedürfnis führt nach Schulze einerseits zu bestimmten „alltagsästhetischen Schemata", die die Vielzahl möglicher Erlebnisse und Stile komplexartig und kollektiv ordnen: das Hochkulturschema, das Trivialschema, das Spannungsschema. Darüber hinaus kommt es aber auch in der sozialen Wirklichkeit selbst zu ganz neuen „Milieubildungen", die den starken Orientierungsdruck auffangen und das Kunststück fertigzubringen versuchen, sowohl Individualisierung (persönlichen Stil) als auch Kollektivierung (soziale Geborgenheit) zugleich zu ermöglichen.[23] Diese erlebnisorientierten Milieus formieren sich v.a. nach Alter (über oder unter 40 Jahre), Bildung und persönlichem Lebensstil im Rahmen der erwähnten „Schemata".

Fünf solcher gesellschaftlicher Großmilieus lassen sich nach G. Schulze deutlich unterscheiden: Das *Niveaumilieu* (in dem es um einen gesellschaftlich hohen Rang, um Erfolg, Ansehen, Einfluß o.ä. geht, und in dem meist ältere Personen mit höherer Bildung anzutreffen sind); das *Harmoniemilieu* (meist ältere Personen mit einfacher Schulbildung, wobei die Suche nach Geborgenheit und Gemütlichkeit inmitten einer bedrohlichen Welt im Vordergrund steht); das *Integrationsmilieu* (mit einer gewissen Nähe zu *beiden* genannten Milieus; es umfaßt meist ältere Personen der mittleren Bildungsschicht, für die v.a. Anpassung und gesellschaftliche Konformität wichtig sind; Stichwort: „Erlebnisparadigma der netten Runde"[24]); das *Selbstverwirklichungsmilieu* (das geprägt wird von Bessergebildeten unter 40 Jahren: „Grenzverkehr... zwischen Mozart und Rockmusik, Kunstausstellung und Kino, Kontemplation und Aktion"[25]); das *Unterhaltungsmilieu* (vorzugsweise für jüngere Personen mit niedrigem Schulabschluß; es ist gekennzeichnet durch das Desinteresse an der wirklichen gesellschaftlichen Realität und durch die Suche nach immer neuen Stimulationen für das momentane Erlebnisbedürfnis). Zwischen diesen Milieus herrscht offensichtlich weitgehend eine gegenseitige Verständnislosigkeit und Geringschätzung, so daß Schulze von einem „Milieuethnozentrismus"[26] spricht, der die Beziehung zum Gesamt dieser sozialen Milieus verliert.

Mir scheint, daß diese Kulturanalyse wiederum sehr erhellend für das Verständnis unserer gegenwärtigen kirchlichen Situation sein kann.[27] Ich möchte drei Gesichtspunkte besonders hervorheben und dabei kurz die Schwierigkeiten, aber auch die Chancen und Herausforderungen andeuten:

(1) Eine Kirche, die den Anspruch erhebt, eine Glaubensgemeinschaft aus allen Generationen, Bildungsstufen und Lebensstilen zu bilden, wird sich nicht leichttun mit dieser ausgeprägt milieuzentrierten Mentalität. Wir stehen vor der Aufgabe, die sich gegenseitig abschottenden Milieus wenigstens ansatzweise *aufzubrechen* und miteinander ins Gespräch zu bringen. D.h. wir können uns nicht bloß auf ein oder zwei gesellschaftliche Milieus einlassen, sondern als Glieder einer Kirche, die eine frohe Botschaft für *alle* hat, müßten wir in den verschiedensten Milieus präsent sein, dort Freunde haben, ihre Welt zu verstehen suchen (ohne alles zu teilen) und das gegenseitige Verständnis für die verschiedenen Lebenswelten wecken; missionarische Christen von heute dürften so etwas wie „Milieu-Grenzgänger" sein. Vielleicht kann es dabei auch gelegentlich gelingen, milieuübergreifende Erlebnisräume des Glaubens zu öffnen (z.B. bei Festen, in gemeinsamen Projekten oder Reisen, Gebets- und Bibelkreisen u.ä.).

(2) Darüber hinaus dürfte heute vor allem unsere *liturgische Phantasie* herausgefordert sein. Im Gottesdienst pflegen wir ja so etwas wie einen ästhetisch-kultischen Lebensraum voller Symbole, Gesten, Handlungen und spielerischer Elemente, die Seele und Sinne miteinbeziehen. Ob wir in der gegenwärtigen Erlebniskultur noch ei-

nen Platz finden, hängt m.E. stark davon ab, wie weit wir eine differenzierte, zeitgemäße liturgische Kultur entwickeln können, die sich von dem intellektualisierenden Wortreichtum der letzten Jahrzehnte lösen kann. Sie wird sich dabei weder mit dem rituellen „opus operatum" begnügen noch in ein frommes „show-business" absinken dürfen. Ohne unsere christliche Identität und Würde aufs Spiel zu setzen, versucht sie doch, die „Kinder unserer Zeit" anzusprechen. Drei gute Beispiele einer solchen (durchaus sehr vielfältigen) Kultur habe ich selbst innerhalb einer kurzen Zeit erleben können: einmal die im traditionellen Stil von Lourdes durchgeführte Lichterprozession zum Rochusfest bei Bingen; dann die von großer Spontaneität lebenden Gottesdienste mit den Behinderten in der „Arche" und schließlich die abendlichen Gebetsstunden in Taizé.

(3) Ein besonderes Kennzeichen der Erlebnisgesellschaft ist ihre schwindende *Solidarität* sowohl mit denen, die innerhalb unserer Kultur aus allen etablierten Milieus herausfallen, als auch mit denen, die in ganz anderen Kulturen leben und dort oft genug ums „Überleben" kämpfen, statt im ästhetischen „Erleben" ihren Lebenssinn zu finden. Der Geist der modernen Erlebnisgesellschaft ist weithin armenfeindlich. Hier sehe ich eine große Chance der Kirche, mitten in dieser Gesellschaft *alternative Erlebniswelten* aufzubauen: nämlich Gemeinden und Gemeinschaften, in denen Menschen, die in irgendeiner Form heute zu den Armen zählen, wirklich freundschaftlich integriert sind. Das gerät oft zu einem echten „Abenteuer" und beschert einem „Erlebnisse", die in ihrer Tiefe, Schönheit und Menschlichkeit die übliche Erlebnisqualität unserer Kultur weit übertreffen. Sie kostet allerdings den Preis der Sympathie (des Mitleidens) im wörtlichen Sinn.

Wie auch immer Anknüpfung und Widerspruch zu einer primär erlebnisorientierten Kultur im einzelnen gelingen mögen: Es läßt sich nicht bestreiten, daß in diesem

Kontext die gewohnten Weisen kirchlicher Martyria (s.o., 1), Liturgia (2) und Diakonia (3) zu ganz neuen Schritten herausgefordert sind. Wer darum meint oder gar dekretiert, die unruhige „Experimentierphase" nach dem Konzil sei zu Ende, gibt sich wohl einer großen Illusion hin; mir scheint vielmehr, daß uns die „heiße Phase" einer wirklich schöpferischen Auseinandersetzung zwischen christlichem Glauben und moderner Kultur erst noch bevorsteht – falls wir nicht von vornherein unsere Gegenwartskultur theologisch und pastoral abschreiben wollen.

3. Kirche ohne konfessionelle Milieus

a) Größe und Grenzen einer vergehenden Sozialform von Kirche

Die Tatsache, daß sich unsere Gesellschaft trotz hoher Individualisierung und Pluralisierung doch auch wiederum in bestimmten „Milieus" strukturiert, kann den Blick noch auf ein anderes Phänomen richten: nämlich auf den (regional sicher verschieden schnell und intensiv verlaufenden) Auflösungsprozeß der sog. „konfessionellen Sozialmilieus".[28] Von der Romantik und Restauration des 19. Jahrhunderts an bis zum erwähnten „Modernisierungsschub" der 60er Jahre ist es den großen Kirchen, v.a. der katholischen, relativ gut gelungen, die Anfragen und Herausforderungen der Aufklärung dadurch abzufangen, daß sich die Gläubigen – zumal im ländlichen und kleinstädtisch-handwerklichen Bereich – in weithin homogenen und geschützten Subkulturen zusammenschlossen. Die Atmosphäre in diesen Milieus war im Tages-, Wochen-, Jahres- und Lebensrhythmus der einzelnen durchgehend kirchlich-konfessionell geprägt. Dadurch kam es zu einer erstaunlichen Integration der *persönlich*-familiär gelebten Religiosität, der *kirchlich*-institutionellen Verfaßtheit des Glaubens und zugleich seiner *gesellschaft-*

lich-kulturellen Prägekraft innerhalb dieser Milieus. Sie boten darum – bei aller Enge und Sozialkontrolle – doch den meisten Christen einen Raum der Geborgenheit und Heimat im Glauben.

Diese Gestalt von Kirche löst sich nun im Zuge der gesellschaftlichen Umbrüche der letzten 30 Jahre geradezu erosionsartig auf. Die einzelnen Gründe dafür brauchen hier nicht noch einmal dargestellt zu werden; sie sind von F. X. Kaufmann, K. Gabriel und U. Altermatt u.a. gründlich erforscht und analysiert worden. Die entscheidende *Konsequenz* für die gegenwärtige Sozialform der Kirche besteht offensichtlich darin, daß das Christentum einen starken Verlust an gesellschaftlich greifbarer und verbindlicher Gestalt erleidet. K. Gabriel nennt dies die „Deinstitutionalisierung" der christlichen Religion. Denn die bislang tonangebende öffentlich-kirchliche Gestalt des Glaubens wird mehr und mehr nur noch als Hintergrund oder Rahmen einer selbstentworfenen Religiosität betrachtet oder als kulturell-historisch-ästhetisches Reservoir benutzt, aus dem jeder oder jede nach seinem oder ihrem eigenen Gutdünken schöpfen kann (z.B. für Reklame, Kino, Theater, Literatur usw.). Jedenfalls gelingt die Integration der drei Bereiche – persönlicher Glaube, kirchliche Verkündigung und kulturelles Alltagsleben – immer seltener. Von vielen Christen wird dieser tiefgreifende Wandel im Sozialgefüge der Kirche als eine große *Befreiung* erfahren: eben als Befreiung von einer überinstitutionalisierten, engen und geschlossenen, vielfach auch angstbesetzten Christlichkeit, die sie als Schattenseite des Milieukatholizismus erfahren haben. Daß damit natürlich zugleich auch ein großer Verlust an Orientierung und Sicherheit im Glauben einhergeht, liegt auf der Hand. Aber beides zugleich zu bekommen, Geborgenheit *und* Unabhängigkeit, scheint eher unwahrscheinlich zu werden.

b) Neue Konstellationen

Das Interessante an diesem unaufhaltsamen Verlust traditioneller Milieubindung besteht darin, daß sich die katholische Kirche nicht einfach in beliebig viele individuelle und kleingruppenartige Religiositäten auflöst. K. Gabriel hat vielmehr sehr überzeugend fünf größere, übergreifende Formationen und Sektoren ausgemacht, die das augenblickliche Erscheinungsbild der katholischen Kirche im deutschsprachigen Raum prägen[29]:

(1) Der *„katholikale"* Sektor[30], gleichsam die katholische Variante des modernen religiösen Fundamentalismus: Ihm sind vielleicht 5-10% der aktiven Kirchenmitglieder zuzuzählen, die sich durch eine restaurative, auf die Vorkonzilszeit fixierte und äußerst modernitätskritische Grundmentalität auszeichnen.

(2) Der *gemeindeorientierte („explizite")* Sektor: Er besteht aus der Gruppe der etwa 20-25% aktiven Kirchenmitglieder, die das kirchliche Leben tragen, die sich vornehmlich in den Ortsgemeinden engagieren und die die kirchlichen Glaubensvorgaben weithin als verbindlich für sich betrachten (allerdings weniger die Normen im Bereich der persönlichen Lebensführung, besonders in der Sexualmoral). Dieser an die Stelle der Milieus tretende Sektor nimmt langsam, aber stetig ab (u.a. wegen Überalterung).

(3) Der Sektor der *latenten* oder *„diffusen"* Christlichkeit: Diese läßt sich als eine zunehmend massenkulturell geprägte, auf die Familie (besonders die Kinder) zentrierte Religiosität beschreiben; sie greift nur noch bei bestimmten Gelegenheiten (z.B. den „Lebenswenden", in Lebenskrisen oder bei einigen volkstümlichen Festen wie Weihnachten, St. Martin, Kirchweih u.ä.) auf vertraute volkskirchlich-traditionelle Elemente und Rituale zurück, wovon sie sich eine gewisse Stabilisierung des persönlichen und familiären Lebens verspricht. In Angleichung an das Mitgliederverhalten bei anderen gesellschaftlichen Großverbänden (z.B. Gewerkschaften, Parteien und Sport-

verbänden) wird dies formal als passive oder *inaktive* Mitgliedschaft in der Kirche verstanden: Man bejaht und unterstützt grundsätzlich die Existenz der Kirche und der Werte, für die sie steht; man hegt hohe Erwartungen an die aktiven Mitglieder, zumal an die Repräsentanten, daß *sie* den Sinn der Institution Kirche überzeugend darstellen (und reagiert dementsprechend sehr kritisch auf Enttäuschungen dieser Erwartungen); aber man behält sich das Recht vor, selbst über das Maß der Teilnahme an den kirchlichen Angeboten und der Übernahme kirchlicher Lehren und Normen zu entscheiden. Der Anteil dieser Art von Mitgliedschaft liegt in der katholischen Kirche Deutschlands gegenwärtig wohl bei etwa 75-80% aller Getauften (in der evangelischen Kirche bei 95%). Damit scheint sie das Quantum der (in der Kernphysik so genannten) „kritischen Masse" zu erreichen, die eine Kettenreaktion auslöst bzw. – in unserem Fall – eine Sogwirkung auf den gemeindeorientierten Sektor (zumal in der jüngeren und mittleren Generation) ausübt.

Es liegt auf der Hand, daß gerade das Verhältnis zwischen dem 2. und dem 3. Sektor einen äußerst neuralgischen Punkt der Konfrontation zwischen Kirche und „postmoderner" Kulturreligiosität darstellt, der jedoch für die zukünftige Sozialgestalt der Kirche bei uns von hoher Bedeutung ist. Wir werden darauf im 3. Teil (II, 3) noch ausführlicher zu sprechen kommen.

(4) Der Sektor *formaler Organisation*, der alle die umfaßt, die durch einen Arbeitsvertrag an die Kirche gebunden und von ihr beruflich abhängig sind. Dieser Bereich hat quantitativ wie qualitativ durch die Auflösung der katholischen Milieus stark an Bedeutung gewonnen. Denn einerseits bildet er vielfach das Rückgrat des gemeindeorientierten Sektors; andererseits verstärkt er natürlich das öffentliche Bild der Kirche als eines großen, hochorganisierten Dienstleistungsbetriebes, den sich die Gesellschaft für ihre religiösen, ethischen oder weltanschaulichen Bedürfnisse hält.

(5) Der „*Bewegungs*"-Sektor, der sich v.a. aus den neuen geistlichen und sozialen Bewegungen innerhalb der katholischen Kirche zusammensetzt; sehr pauschal gesagt, lassen sich hier zwei Richtungen unterscheiden: die spirituell-charismatische, die mehr der religiösen Lebensbewältigung dient, und die basisgemeindlich-politische, die vom prophetischen Protest gegen gesellschaftliche Mißstände und von einem alternativen Lebensstil motiviert ist. Diesem Sektor gehört sicher nur eine kleine Minderheit von Gläubigen an, die aber doch viele suchende Zeitgenossen anspricht und ihnen eine neue Glaubwürdigkeit vermittelt. K. Gabriel hält diesen Bereich für ein „religionsproduktives" Element der gegenwärtigen Kirche, weil er die typischen Herausforderungen der Moderne noch am ehesten aufgreift. Denn einerseits bieten solche Bewegungen Raum für eine heute sehr gefragte person- und biographienahe Religiosität; der persönliche Glaube, seine Erfahrungen und seine Geschichte, sein Zweifel und seine Gewißheit werden konstitutiv miteinbezogen in das gemeinsame Glaubensleben. Zum anderen entsprechen einige dieser Gruppen einer verbreiteten gesamtgesellschaftlichen Erwartung an die Kirche: daß diese nämlich sich auch gesellschaftskritisch gegen ungerechte Verhältnisse wendet und Partei ergreift, z.B. für „Frieden, Gerechtigkeit und Bewahrung der Schöpfung" (wie im sog. „konziliaren Prozeß"), für Asylsuchende, für Aidskranke usw. Auch hier wird für die zukünftige Gestalt unserer Kirche einiges davon abhängen, inwieweit diese Bewegungen innerhalb der Kirche und auch der Gemeinden zum Zug kommen können, ohne daß es zu sinnlosen Polarisierungen oder, umgekehrt, zu harmlosen Domestizierungen kommt (dazu am Schluß des 3. Teils noch einige Überlegungen).

4. Die „religiöse Szene" außerhalb der Kirche

a) Das Phänomen

Im Zusammenhang mit der „Intimisierung" von Religion kam bereits ein Phänomen zur Sprache, dem wir noch etwas mehr Aufmerksamkeit widmen müssen: daß sich nämlich in den letzten Jahrzehnten außerhalb des kirchlichen Rahmens und oft auch in betonter Absetzung vom traditionellen Christentum religiöse Strömungen ausbreiten, die für immer mehr Menschen unseres Kulturraums eine wirkliche Alternative zum christlichen Glauben darstellen. Ich meine hier nicht die vielen gut organisierten und finanzkräftigen Sekten, die sich augenblicklich überall auf der Welt stark ausbreiten (z.B. Scientology, Moon-Sekte, Zeugen Jehovas u.a.). Eine viel größere Herausforderung für die Kirche bilden bei uns jene religiösen „Bewegungen", die sich nicht im bekannten institutionellen Rahmen einer Kirche, einer Freikirche oder einer Sekte formieren, sondern eher in kleinen, miteinander „vernetzten" Gruppierungen und Initiativen, die sich häufig in kritischer Opposition zu den spezifischen *Dualismen* der Neuzeit bilden (z.B. zu den fast unversöhnlich gewordenen Gegensätzen zwischen Mensch und Natur, zwischen Religion und Wissenschaft, zwischen Frau und Mann, zwischen Gemüt und Verstand, zwischen Ästhetik und Ethik usw). Weil das neuzeitliche Christentum in der Sicht vieler Zeitgenossen diese Polarisierungen weitgehend übernommen habe, artikulieren neuere religiöse Bewegungen in einem synkretistischen Rückgriff u.a. auf die spätantike Gnosis, auf Theosophie und Anthroposophie, auf Esoterik, Astrologie, indianische, germanische und östliche Religionen die Sehnsucht vieler Menschen nach einem neuen, aus den gegenwärtigen Überlebenskrisen rettenden Bewußtsein der fundamentalen *Einheit* und *Ganzheit* aller Wirklichkeit.[31]

Eine Zeitlang wurden diese gnostisch-esoterisch-naturmystisch geprägten „spirituellen" Bewegungen unter den Sammelbegriff *„New Age"* gefaßt; aber dessen Blütezeit ist inzwischen längst überholt. Ohne die kaum zu überschauende Vielfalt an Nuancen und Richtungen innerhalb des als „New Age" bekanntgewordenen Komplexes zu vernachlässigen, dürfte – nach dem Selbstverständnis der maßgeblichen Vordenker dieser Bewegung (Fr. Capra, M. Ferguson, K. Wilber, G. Trevelyan, D. Spangler, Th. Roszak u.a.) – damit folgendes gemeint sein: „New Age" verstand oder versteht sich als eine gegengesellschaftliche Bewegung, deren Weltanschauung von der Gewißheit eines jetzt unaufhaltsam anbrechenden neuen Zeitalters (= New Age) durchdrungen ist. Dieses heilbringende Zeitalter beendet die globalen Überlebens- und die individuellen Sinnkrisen der Gegenwart. Dies geschieht durch ein neues Bewußtsein der kosmischen Einheit und Ganzheit aller Seienden. Die (seriösen) theoretischen und praktischen Anstrengungen der New-Age-Anhänger sind auf die persönliche und gesellschaftliche Transformation des alten Bewußtseins zu dem neuen hin ausgerichtet.

Auch wenn diese Bewegung im engeren Sinn ihren Höhepunkt überschritten hat, so üben dennoch bestimmte, darin integrierte Grundströmungen weiterhin eine große Faszination auf viele Menschen, auch Christen, in den westlichen Industrienationen aus. Denn diese „nachchristliche Religiosität" scheint inzwischen ein fester Bestandteil des allgemeinen „Zeitgeistes" zu werden, der das Bewußtsein, den Plausibilitätshintergrund, das Lebensgefühl („feeling") und das Verhalten großer Teile der Menschen in unserer westlichen Kultur bestimmt. In dieser Religiosität fließen wohl vier populäre Strömungen zusammen, die sich gegenseitig bestärken und miteinander vermischen:

(1) Das *ökologische Bewußtsein*, das die hochsensible Verantwortung für das Leben in unserer Welt auf die universale „Vernetzung" allen Lebens im Kosmos grün-

det: Alles ist ein großer Organismus; wir selbst sind ein Teil von „Mutter Erde", die selbst wiederum organisch ins kosmische Ganze eingebunden ist.

(2) Die *naturwissenschaftliche Systemtheorie*, die sich zu einem umfassenden Erklärungsmodell für alle naturhaften, psychischen und sozialen Vorgänge entwickelt. Während die traditonelle Erklärung der Phänomene von einer eindeutigen und einlinigen Ursachenkette ausgeht (Ursache a –> Wirkung b usw.), spricht die Systemtheorie von einer wechselseitigen Beziehung zwischen den verschiedenen Elementen einer Ganzheit. Nur so könne man Evolution, Selbstorganisation und Selbsttranszendenz (im naturwissenschaftlichen und soziologischen Bereich) verständlich machen.

(3) Die sog. „*transpersonale Psychologie*" (nach A. Maslow, Ch. Tart, St. Grof), welche die „transzendentalen Bedürfnisse" des Menschen zu entdecken und zu erfüllen helfen will. Damit ist all das gemeint, was den Menschen über sich hinaustreibt, was ihn so „transzendiert", daß er seinen Mittelpunkt nicht mehr in sich selbst sucht („Selbstverwirklichung"), sondern in dem, was größer ist als er selbst – also konkret im Kosmos, in der Natur und ihren Geheimnissen, im parapsychologisch zu erforschenden „Jenseits" u.ä.

(4) Die *feministische Bewegung*, die das Ende des patriarchalischen Bewußtseins und der ihm entsprechenden Gesellschaftsstrukturen proklamiert. Ein auf Partnerschaft zielendes, die Versöhnung von Männlich und Weiblich betreibendes, eher „androgynes" Menschen- und Gesellschaftsbild liegt ihr zugrunde. Sie sieht sich bestärkt durch die taoistische Weisheitslehre, nach der alles Sein stets in der Bewegung zwischen den Grundpolen der Wirklichkeit (Yin und Yang) schwingt und nur in der harmonischen Vermittlung beider zu sich selbst kommt.

Aus diesen und ähnlichen Bewußtseinsströmungen der Gegenwart scheint sich m.E. eine neue, in unserer Kultur akzeptierte Religiosität weitgehend zu speisen. Die schöpferisch-kritische Auseinandersetzung von seiten des Glaubens steht hier erst noch in der Anfangsphase.

Eine wichtige Erscheinungsform dieser Religiosität besteht in ihrer Funktion als „Lebenshilfe". Ohne jeweils die ganze weltanschauliche Theorie zu kennen oder gar zu übernehmen, wählen viele (nicht anders als bei der christlichen Tradition) aus dem reichhaltigen sog. „spirituellen" Angebot das aus, was ihnen bei der Bewältigung der Überkomplexität der eigenen Lebenswelt dienlich erscheint, also z.B. bestimmte östliche Meditationsmethoden, Wege der therapeutischen Selbst- und Körpererfahrung, indianische und schamanische Naturmystik, Astrologie, Tarot, spiritistische und okkulte Praktiken usw. Manches davon ist durchaus hilfreich; anderes dürfte eine harmlose Freizeitbeschäftigung oder eine Verlagerung des üblichen Konsumdenkens auf die „spirituelle" Ebene darstellen, weil eben im Zeitalter der Pauschalreisen nur noch *ein* Land wirklich Neugier wecken kann: das Jenseits bzw. die eigene Seelentiefe. Anderes allerdings kann auch sehr gefährlich werden, nämlich dann, wenn es um okkulte, spiritistische oder gar satanistische Praktiken geht. Hier kann es zu einer suchtähnlichen Abhängigkeit kommen, die zu Unfreiheit und Gewalttätigkeit führt.[32]

b) Die Herausforderung der Kirche durch diese Religiosität

(1) Sensibilisierung für Defizite kirchlichen Lebens

Warum sind viele Menschen gerade der jüngeren und mittleren Generation, die christlich aufgewachsen sind und zeitweise kirchlich engagiert waren, augenblicklich eher bereit, sich von diesen neuen religiösen Bewegungen ansprechen zu lassen als von unserer Verkündigung?[33] Zweifellos empfinden sie – sensibler als manche älteren, an Normalität und Tradition gewöhnten Kirchenbesucher – bestimmte *Defizite* unser kirchlichen Glaubenspraxis besonders stark. Sie erleben z.B. die „normale" kirchliche

Verkündigung häufig als zu veräußerlicht, zu betriebsam, zu wenig in den seelischen Tiefenschichten verwurzelt. Ihr Hunger nach Selbsterfahrung und Selbstfindung, nach Meditation und Mystik wird im üblichen Gemeindeleben kaum gestillt. Fast alle Kräfte unserer Hauptamtlichen in den Gemeinden werden auf den durchaus sinnvollen Gemeindeaufbau und die Katechese verwandt, so daß oft wenig Zeit und Kraft bleibt für die persönliche Seelsorge. Das eigentliche seelsorgliche Gespräch, wo wir auf die Ängste und Sehnsüchte einzelner in Ruhe eingehen können, kommt zu kurz. Auch unsere Gottesdienste wirken auf viele Menschen zu ritualisiert und formalisiert; dazu werden sie fast ständig unter Zeitdruck gefeiert, so daß selten eine ruhige, meditative oder gar festliche Atmosphäre aufkommen kann.

Auch das gestörte Verhältnis des Menschen zur Natur, ja zur außermenschlichen *Schöpfung* insgesamt wird vielen Christen in der Kirche allzu selten thematisiert. Wir überlassen die Umweltproblematik und das Thema „Schöpfung" zu schnell den „Grünen" und einigen ihnen nahestehenden christlichen Gruppen, die leider eher am Rande des „normalen" kirchlichen Lebens stehen.

Vor allem aber erscheint vielen das christliche *Gottesbild* so lebensfern, so abstrakt und rational, so wenig mit Leben, Erfahrung und Geheimnis erfüllt. Ich frage mich bei den verschiedenen Kinder- und Jugendgottesdiensten, die ich halte, immer häufiger: Weiten wir hier nicht nur den Religionsunterricht oder die Gruppenstunden in den Gottesdienst hinein aus? Führen wir dabei die Kinder (aber nicht nur sie, auch die Jugendlichen und Erwachsenen) wirklich zu Gott als dem unergründlichen, liebenden Geheimnis unserer ganzen Wirklichkeit hin? Und zwar so, daß sie zu ihm persönlich beten können, mit ihm vertraut und befreundet werden, in ihm den Pulsschlag und die heilenden Kräfte des Lebens erspüren können? Gehen wir in unseren Gottesdiensten und in unserer Verkündigung nicht zu profan und professionell mit dem Wort „Gott" um, so daß von seiner tiefen Fülle an Sinngehalt wenig erlebbar wird? An uns Christen liegt es, ob wir Gott, diese in allem dabeiseiende und sich verströmende Liebe auf dem Grund aller Wirklichkeit, wieder für uns selbst und für andere spürbar werden lassen: daß in *ihm* und nicht in der Natur, auch nicht in uns selbst das letzte, tiefste, heilende Geheimnis unserer Welt liegt. Dazu müßten wir selbst aber viel mehr in diesem Grund verwurzelt sein – z.B. durch das Stillwerden-Können, das Meditieren, das Beten, eben das Atmen der Seele.

(2) Suche nach heilenden Auswegen aus den Sackgassen moderner Kultur

Darüber hinaus haben junge Christen oft ein sehr waches Gespür für einseitig-maßlose Entwicklungen in unserer westlichen Kultur. Um so empfänglicher sind sie deswegen für zukunftverheißende *Auswege* aus den Sackgassen unserer Gesellschaft, die in solchen außerchristlichen Weltanschauungen angeboten werden – also z.B. wenn versucht wird, das rein zweckrationale, auf Funktionieren und Effizienz abgestellte Vernunftsverständnis zu überwinden zugunsten einer Versöhnung der Vernunft mit dem sogenannten „Anderen ihrer selbst", also mit Intuition, Phantasie, Utopie, Mythos, Gemüt u.ä. Zwar enthalten diese Lösungsangebote manche abstruse Einseitigkeiten, aber immerhin greifen sie auf ihre Weise die gegenwärtig allgemein gespürte Krise der neuzeitlichen Vernunft auf. Oder wenn es darum geht, die neuzeitliche Trennung von Mensch und Natur, von „res cogitans" und „res extensa" (Descartes) aufzuheben und zur Einheit einer großen, geschwisterlichen Schöpfungsgemeinschaft zu gelangen. Die Lösung, die angeboten wird, besteht im „Einschwingen" des Menschen mit Leib und Seele in die kosmische Ganzheit des Lebens, was zugleich eine neue Ehrfurcht vor allem Leben auf dieser Erde hervorruft. Oder wenn dazu motiviert wird, dem rein konsumorientierten, materialistischen Lebensstil abzusagen, um einer „spirituellen", ganzheitlichen Weltsicht und Lebensweise Raum zu geben, in der über verschiedene Formen von Meditation und Selbsterfahrung die Einheit von Leib und Seele, von Mensch und Kosmos, von Gott und Welt zutiefst erfahren werden soll. Demgegenüber scheint die Kirche vielen unserer Zeitgenossen zu sehr mit sich selbst beschäftigt zu sein, immer im gleichen Trott weitergehen zu wollen und so die „Zeichen der Zeit" zu verfehlen, die auf neue Weisen des Umgangs des Menschen mit sich selbst, mit dem anderen, mit der Natur und auch mit Gott hindeuten.

(3) Wahrnehmung der Sehnsucht nach Heil

In der Tat: Es muß uns zu einer ehrlichen *Gewissenserforschung* herausfordern, wenn selbst Christen zunehmend tiefere religiöse und geistliche Erfahrungen außerhalb der Kirche suchen. Die oben genannten Defizite unserer Verkündigung sind ja nicht zu leugnen; und auch die Grundanliegen, die hinter dieser Religiosität und ihrem geistigen Umfeld in Naturwissenschaften, Psychologie, Ökologie und Feminismus stehen, sollten bei uns Christen auf viel offenere Ohren stoßen. Natürlich sind wir als Kirche Jesu Christi, des Gekreuzigten und Auferstandenen, nicht einfach für die Befriedigung all dessen zuständig, was man heute „religiöse Bedürfnisse" nennt und worunter sich oft genug die Lust am Okkulten, an unseriöser Parapsychologie und allen möglichen mysteriösen Phänomenen mischt. Aber hier das oft verborgene Moment an echter Sehnsucht nach *Heil*, nach Einheit und Ganzsein („Schalom"), ja, nach Gott herauszuspüren und mit unserer Botschaft darauf zu antworten, bedarf eines sehr präzisen Hinhörens und einer sorgfältigen „Unterscheidung der Geister".

Diese schließt durchaus auch den christlichen *Widerspruch* gegen bestimmte weltanschauliche Grundoptionen ein, die diese „spirituellen" Bewegungen außerhalb des Christentums oft propagieren. Denn hier wird doch weitgehend die alte *Gnosis* in neuem, zeitgemäßem Gewand wieder zum Leben erweckt: Jene spätantike (Selbst-) Erlösungsreligion, die parallel zum Christentum, in wechselseitiger Profilierung und Abgrenzung entstand, tritt wieder einmal als *die* große Versuchung gerade der frommen und „innerlichen" Christen auf. In einer radikalen Abwendung von dieser äußerst negativ beurteilten, eben „bösen" Welt und Geschichte sieht sie das Heil primär in der religiösen Erfahrung, im Gang nach innen, um in den Tiefen des eigenen Selbst das „Göttliche" zu entdecken, das Gott, Mensch und Kosmos zutiefst, eben von „Natur" aus, miteinander vereint und versöhnt. Das Bewußtwerden dieser naturhaften Einheit und ein davon geprägter ganzheitlicher Lebensstil gelten damals wie heute als Königsweg der Erlösung aus den vielen persönlichen und gesellschaftlichen Unheilserfahrungen.

(4) Unterscheidung des Christlichen

So fromm und plausibel diese Botschaft heute bei vielen auch wieder klingen mag, so entschieden muß hier doch von uns die „Unterscheidung des Christlichen" (R. Guardini) bewußt gemacht werden. Ein Buchtitel von H. U. v. Balthasar gibt für mich am kürzesten und treffendsten diesen Unterschied gegenüber aller modernen, gnostisch eingefärbten Religiosität wieder: „Glaubhaft ist nur Liebe" (1963). In unserem Zusammenhang möchte ich diese Kurzformel des Christlichen so auslegen:

Als glaubwürdige Verheißung von *Heil* und *Ganz*sein-Können kann sich nur das erweisen, was in seiner innersten „Substanz" *personale Liebe* ist. Das bedeutet: Liebe ist primär nicht irgendein diffuses Gefühl der Sympathie oder ein kosmischer Lebensstrom, der sich durch die ganze Wirklichkeit ergießt und alles belebt. Nein, im eigentlichen Sinn besteht Liebe in der personalen Zuwendung, die sich, ganz von ihr selbst her, ohne jede Nötigung schenkt; sie allein vermag Sinn zu stiften, der in sich selbst ruht und nicht dauernd – wie in der Gnosis – von sich weg auf immer neue Geheimnisse und Rätsel der Wirklichkeit verweist. Erst wenn wir hinter den Dingen unserer Welt ein liebendes Du wahrnehmen dürfen, das allem seinen tiefen, unergründlichen und unerschöpflichen Geheimnischarakter verleiht, werden auch die Natur und der Kosmos für uns heilend. Nur eine solche Liebe verdient „Glauben" im Sinn des umfassenden Sich-Öffnens, Sich-Anvertrauens und Sich-Einlassens auf die Wirklichkeit.

Konkret: Worauf ich mich im Leben, im Älterwerden und Sterben vorbehaltlos verlassen kann, worauf ich mein ganzes Leben verläßlich setzen und bauen kann, so daß es heil und ganz wird, das sind nicht meine tiefen Erkenntnisse, meine seelischen Selbsterfahrungen und weltanschaulichen Systeme, letztlich auch nicht die Natur, der Kosmos und die evolutive Kraft der Selbstorganisation des Lebendigen. Das alles „hat ein Ende" (1 Kor 13,8). Was unbedingt und un-endlich trägt, ist allein die Zusage einer Liebe, die mich z.B. in meinen Erfolgen und Glückserfahrungen dankbar und demütig (und damit wirklich human) sein läßt; die mich in meinen liebenden Beziehungen und in meinem sittlichen Handeln verantwortlich und frei sein läßt; die mich, wenn ich krank oder behindert, einsam oder dem Sterben ausgeliefert bin, nicht der Nutzlosigkeit preisgibt; die mich in meiner Schuld und Erbärmlichkeit in barmherzigem Vergeben aufnimmt; die mich in der ganzen fragmentarischen Unvollkommenheit meines Selbst annimmt und mich *dadurch* heil und ganz macht. Erst *dieses* Ganz- und Heilsein-Dürfen befähigt mich zugleich zum Weiterverschenken der empfangenen Liebe, so daß auch mein liebendes Tun für andere „glaubhaft" sein kann.

Der Christ begegnet dieser rundum heilenden Liebe in Jesus Christus. Die Liebe, die von diesem Menschen (damals und heute!) ausgeht, verdankt er selbst einem personalen Ursprung unendlicher Liebe, den er „Vater" nennt.

Wer sich mit Jesus Christus täglich neu diesem „Vater" anvertraut und sich von ihm zur Liebe zu den Menschen befreit weiß, der erfährt in tausend Zeichen und Gleichnissen die heilende Gegenwart dieser unendlichen Liebe. Dies genügt ihm für seine unruhige Sehnsucht nach Leben, Sinn und Heil; erkennt er doch darin, daß Augustinus recht hat, wenn er sagt: „Unruhig ist unser Herz, bis es ruht in Dir" – vorher nicht.

(5) Meditation und Praxis der Nachfolge

Aber wie kommt es zu einer solchen tiefen Erfahrung, die mich mit jeder Faser meines Daseins diese Liebe „verkosten" läßt, und die deswegen auf andere Menschen ansteckend wirken kann? Zwei einander ergänzende und zueinander hinführende Wege sind dafür wohl maßgeblich:

Einmal das *meditative Verweilen* bei dieser Gestalt Jesu, um sie gleichsam von allen Seiten anzuschauen, um ihr Wort und Wesen im Herzen – wie Maria – „um- und umzuwälzen" (Lk 2,19), sich gleichsam in diese Gestalt zu „verlieben" und ihr so Gelegenheit zu geben, sich in die innersten Falten meiner Seele einzunisten. Von P. Longhaye, einem vor etwa 100 Jahren verstorbenen französischen Jesuiten, stammt das schöne Wort, das er vor seinem Tod einem jüngeren Mitbruder als geistliches Vermächtnis übergab: „Studieren, durchstöbern, erforschen, entfalten Sie alle Möglichkeiten auf der Suche nach Jesus Christus. Schauen Sie ihn unverwandt an, bis Sie ihn auswendig können. Besser noch: bis Sie ihn assimiliert haben, bis Sie in ihn absorbiert worden sind". Sofern die verschiedenen Methoden der Meditation, die heute auch im christlichen Bereich angeboten werden, zu dieser liebenden Kontemplation Christi (Ignatius v. Loyola nennt sie die „intima cognitio") hinführen, sind sie nur zu begrüßen; denn dann widerstehen sie der Versuchung, im Genuß der eigenen Tiefenerfahrung auszuruhen.[34]

Dafür gibt gerade die andere Weise der Begegnung mit Christus eine gute Gewähr: das *Nachgehen* der Wege Jesu, gerade da, wo er bei den Sündern, den Kleinen, den Kranken, den Armen seine „Bleibe" sucht (vgl. Joh 1,38; Mt 18,5; Mt 25,31ff). Die „Option Gottes für die Armen und Kleinen" geht eben so weit, daß er sich in Jesus Christus ausdrücklich mit ihnen identifiziert hat. Wer zu diesen Menschen gut ist, verhält sich darin gut zu Jesus Christus; er berührt in ihnen – nicht weniger als in der Eucharistie – den gebrochenen und verwundeten „Leib Christi". Denn er geht den erlösenden Weg jenes Gottes nach, der auf der Suche nach den Verlorenen ist; und bei ihnen findet er den, der aus unendlicher Liebe selbst zum „verlorenen Sohn" geworden ist, um unsere Verlorenheit von innen her mit Liebe und Heil zu erfüllen. Diese spezifisch christliche Weise der Begegnung mit Gott wird in einem Wort, das aus einem russischen Konzentrationslager überliefert wird, sehr pointiert ausgedrückt: „Ich suchte Gott und fand ihn nicht; ich suchte meine Seele und fand sie nicht; ich suchte meinen Nächsten und fand alle drei."

2. Teil:

Innerkirchliche Konflikte – Zeichen des ungeklärten Verhältnisses von Kirche und Moderne

I. Die gestörte Kommunikation in der Kirche

In zahlreichen deutschsprachigen Diözesen sind in den vergangenen Jahren von den Bistumsleitungen gut vorbereitete und strukturierte Gesprächsprozesse in Gang gesetzt worden (sog. „Pastoralgespräche", „Diözesanforen" o.ä.), in denen die verschiedensten Pfarrgemeinden, Gruppen, Verbände, Gemeinschaften, auch einzelne Christen sich über einen längeren Zeitraum mit aktuellen Fragen der gegenwärtigen Situation von Glauben und Kirche auseinandergesetzt haben bzw. es noch immer tun; etwa nach dem Motto des Bistums Würzburg: „Wege suchen im Gespräch". Erfreulich viele Gläubige haben sich unter großem Einsatz an Kommunikation und Dialogbereitschaft daran beteiligt. In zahlreichen kleinen Schritten werden bereits einige Ergebnisse dieser Gespräche in die Praxis umgesetzt. Von daher herrscht hierzulande im ganzen eine Atmosphäre, in der nicht mehr v.a. auf Polarisierung, sondern auf Dialog gesetzt wird.

1. Ein Signal: Das sog. „Kirchenvolks-Begehren"

Und doch kam es – in Anlehnung an Österreich, wo die innerkirchliche und gesamtgesellschaftliche Polarisierung zeitweise sehr stark vorangeschritten war – im Herbst vergangenen Jahres auch in Deutschland zu einem „Kirchenvolks-Begehren".[35] In einer für die kirchliche Öffentlichkeit eher unkonventionellen Weise wurden zwei Monate lang in Kirchen und Pfarrzentren, auf Straßen und öffentlichen Plätzen Unterschriften gesammelt, durch die man sich zu folgenden fünf Zielen und Forderungen bekannte: Aufbau einer geschwisterlichen Kirche; volle Gleichberechtigung der Frauen; freie Wahl zwischen zölibatärer und nicht-zölibatärer Lebensform; positive Bewertung der Sexualität; Frohbotschaft statt Drohbotschaft.[36] Wie man auch im einzelnen zu den plakativ formulierten Forderungen und ihrer sehr binnenkirchlich orientierten Zusammenstellung stehen mag: Allein das *Faktum* des „Kirchenvolks-Begehrens" und die vielen Diskussionen, die es sowohl in der Öffentlichkeit wie in vielen kirchlichen oder privaten Kreisen ausgelöst hat, scheinen mir außerordentlich aufschlußreich dafür zu sein, wie die kommunikative Situation in der Kirche generell eingeschätzt wird. Denn es läßt sich nicht leugnen, daß bei sehr vielen Christen der Eindruck vorherrscht: Es wird zwar seit Jahren permanent über bestimmte Fragen miteinander gesprochen; aber gerade dann, wenn es um sehr konkrete und bedrängende Fragen des kirchlichen Leitungsstils, der Pastoral und bestimmter Kirchenstrukturen geht, stößt man an eine Mauer, wo sich kaum mehr etwas bewegt. Die Suche nach flexibleren, der gegenwärtigen Situation des Glaubens angemesseneren und dennoch den Geist der großen Glaubenstradition wahrenden Lösungen wird dadurch sehr erschwert.

Zudem nährt eine vorzeitige, ohne überzeugende Argumente das offene Gespräch abbrechende lehr- und leitungsamtliche Entscheidung die Zweifel am Sinn der diversen ortskirchlichen Gesprächsprozesse. Denn bei allem Positiven, was diese bewirken, können sie doch bei vielen Christen den Gesamteindruck einer *gestörten Kommunikation* in der Kirche nicht verhindern: Ob es sich z.B. um die Art und Weise verschiedener Bischofsernennungen handelt, bei der die ortskirchlichen Instanzen übergangen oder ignoriert werden; oder ob es die mit höchster („unfehlbarer") lehramtlicher Autorität verordnete, „definitiv" anzuerkennende Unmöglichkeit der Zulassung von Frauen zur Priesterweihe[37] betrifft; oder wenn im Unterschied zu dem differenzierenden Hirtenwort der drei südwestdeutschen Bischöfe die Glaubenskongregation am 15. 10. 1994 das ausnahmslose Verbot der Kirche hinsichtlich des Kommunionempfangs von wiederverheirateten Geschiedenen einschärft; oder wenn in der großen Moralenzyklika „Veritatis splendor" Johannes Pauls II. vom 5. 10. 1993 das Gewicht eindeutig auf die gehorsame Befolgung der objektiven, im Naturrecht begründeten und vom kirchlichen Lehramt verkündeten sittlichen Normen gelegt wird (und das persönliche Gewissen als Letztinstanz der sittlichen Entscheidung eher in den Hintergrund tritt); oder wenn etwa in der Instruktion der Glaubenskongregation „Über die kirchliche Berufung des Theologen" vom 24. 5. 1990 das Lehramt wieder verstärkt auf den formalen Autoritätsgehorsam setzt, der unter Umständen auch die inhaltliche Wahrheitseinsicht ersetzen soll; oder wenn die drängenden Fragen der „viri probati" (d.h. der Priesterweihe von verheirateten Männern, die sich in Ehe, Beruf und Gemeinde bewährt haben) oder des Diakonats der Frau dauernd vertagt oder als quasi doch schon endgültig beantwortet hingestellt werden usw. Angesichts der Häufung solcher Vorgänge muß sich auch der loyalste Christ fragen: Was spielt sich eigentlich in unserer Kirche ab?

2. Zwiespältiger Umgang mit der Kultur der Moderne

In den genannten Beispielen kommt m.E. eine das kirchliche Leben vielerorts belastende Kommunikationsstörung zum Ausdruck, die wohl nicht nur darauf zurückzuführen ist, daß hier verschiedene theologische Überzeugungen oder Kirchenbilder miteinander in Konflikt geraten (s. dazu das nächste Kapitel). Der Dissens reicht vermutlich noch tiefer: denn an bestimmten neuralgischen Punkten tritt in aller Schärfe das bleibend strittige und trotz der großen Konzilskonstitution über „Die Kirche in der Welt von heute" noch immer ungeklärte Problem der Beziehung zwischen katholischer Kirche und moderner Kultur zutage.

Mir scheint der „offizielle Kurs" der universalen Kirchenleitung in dieser Hinsicht im Augenblick eher zwiespältig zu sein. Auf der einen Seite steht das unermüdliche und bewundernswerte Engagement Roms für die Wahrung und Verbreitung der Menschenrechte, für eine universale Kultur des Lebens, für gerechtere und humanere Gesellschaftsordnungen, gerade zugunsten der Schwächeren, für den Dialog der Religionen, für das Gespräch mit den modernen Wissenschaften usw. Auf der anderen Seite wird jedoch im Bereich innerkirchlicher Lehr- und Strukturfragen dem „Geist der Moderne" mit einem schroffen, unvermittelten „Kontrastprogramm" begegnet: Dem „Modernisierungsschub" mit seiner verstärkten Betonung der Subjektivität (s.o.) wird undialektisch die Objektivität der Institution und der Tradition entgegengesetzt. Versuche einer *kommunikativen Vermittlung* zwischen diesen beiden Polen, einer Vermittlung also, die die Identität des gemeinsamen Glaubens gerade unter veränderten kulturellen Bedingungen zu wahren sucht, werden eher skeptisch beurteilt und gebremst; ein Musterbeispiel dafür ist offensichtlich die Frage des Kommunionempfangs der wiederverheirateten Geschiedenen.

Ein solcher uneindeutiger Umgang mit der Kultur der Moderne erschwert auf Dauer nicht nur eine gelingende Inkulturation des Glaubens in diese Kultur, sondern wirkt auch kontraproduktiv auf die institutionelle Gestalt des Glaubens und der Kirche selbst zurück; denn in dem Maße, wie diese nicht mehr als ein Lebensraum erfahren werden kann, der den persönlichen Glauben der einzelen trägt, integriert und orientiert, wird die Kluft zwischen subjektiver Gläubigkeit und objektiver Kirchlichkeit fast unüberwindlich groß: Die erstere überläßt sich mehr und mehr dem kulturellen Trend zur völligen Individualisierung des Glaubens, die letztere verschließt sich demgegenüber in eine immer abstraktere und formalisiertere Verwaltung der Tradition. Der Münchener Philosoph Gerd Haeffner beschreibt diesen verhängnisvollen Mechanismus sehr treffend:

„Dieser Rückzug auf die formale Autoritätsbeteuerung durch die Träger der Autorität selbst muß jedoch seine Immunisierungsstrategie mit einem Verlust an Attraktivität und somit an der doch erhofften Wirksamkeit bezahlen. Er wird bei vielen Adressaten die Gegenreaktion der Gehorsamsverweigerung provozieren, für die man sich auf die eigene Einsicht und letztlich auf das Gewissen berufen wird. Die sich steigernde Absicherung des kirchlichen Glaubensgehorsams durch reine Autoritätsargumente bringt so gerade jene Verschiebung der Gewissensfunktion hervor, die von den Trägern des Lehramts – im Prinzip zu Recht – beklagt wird. Besteht das Gewissen des Christen für gewöhnlich darin, daß er auf der Basis des ihm durch die Kirche vermittelten Pflichtenwissens einen praktischen Schluß auf das ihm jetzt mögliche bzw. aufgetragene Handeln zieht, so wird das Gewissen nun zur Instanz der Beurteilung der Rechtmäßigkeit der vom Lehramt vorgelegten Lehre. Damit ist eine Situation gegeben, in der einerseits die Entscheidungen des Lehramts zu einer Größe unter anderen in der Pluralität der Meinungen geworden sind und andererseits das Gewissen des einzelnen einer größeren Orientierungsunsicherheit ausgesetzt ist, die von anderen Autoritäten ausgefüllt wird. Damit aber ist die Klarheit christlicher Existenz selbst gefährdet.

Ein Ausweg aus dieser Lage, der mehr wäre als eine vorübergehende Notlösung, ist im Augenblick nicht in Sicht. Einer Lösung entgegen bringt uns nur die Bereitschaft, aufeinander zu hören und miteinander zu reden.

Von seiten des Lehramts heißt dies, daß sich die Entschei-
dungsträger auch öffentlichen Rückfragen stellen und im
einzelnen ihre Gehorsamsforderungen vor den betroffe-
nen Menschen selbst wiederholen, statt sich in die Ano-
nymität von Dokumenten so zurückzuziehen, daß sich
der Gläubige, der sich nicht verstanden fühlt, wie vor ei-
ner geschlossenen Tür findet, wenn er in aller Bescheiden-
heit seine Einwände vortragen möchte. Die Ohnmacht
gegenüber Behörden, bei denen kein Verantwortlicher
greifbar ist, so meint er, müßte in der Kirche nicht sein
und so auch nicht die aus dem Gefühl der Ohnmacht auf-
steigende Wut. Es kann ja durchaus sein, daß er wesentli-
che Dinge übersieht und den verantwortlichen Lehrern
Unrecht tut. Er darf aber doch mindestens hoffen, daß
ihm für seine Lernbereitschaft ein Partner gegeben wird,
der ihn hört und der mit ihm redet. Obwohl sich in dieser
Hinsicht schon manches gebessert hat, sind es aber offen-
bar noch viele, die eine gegenteilige Erfahrung machen
mußten, und oft gerade jene, die sich am meisten für die
Kirche einsetzen. "[38]

Wenn dem so ist, dann steht damit natürlich auch
theologisch ein *Kirchenverständnis* in Frage, das uns vom
2. Vatikanischen Konzil übergeben wurde und das viele
Christen in den letzten 30 Jahren geprägt und beflügelt
hat: die Kirche als „Communio" des Volkes Gottes. Ist
dieses Kirchenbild bereits wieder überholt, ehe es richtig
rezipiert werden konnte? Oder gilt es nur noch für die Spiritualität, jedoch nicht mehr für die strukturelle Realität
der Kirche? Ich möchte dieser Frage auf dem Hintergrund
der beschriebenen Kommunikationsstörung etwas ge-
nauer nachgehen; denn ich sehe gerade in einer konsequent in die strukturelle Praxis der Kirche umgesetzte
Communio-Theologie die Möglichkeit einer fruchtbaren
Vermittlung zwischen dem kirchlichen Selbstverständnis
und den Herausforderungen der gegenwärtigen Phase der
Moderne.

II. Communio-Theologie und
(un-)kommunikative Praxis in der Kirche

Wenn wir das Phänomen der gestörten innerkirchlichen Kommunikation unter theologischer Rücksicht betrachten, zeigt sich, daß hier die alte ekklesiologische Grundfrage nach der Beziehung zwischen *Theologie* und *Empirie* der Kirche in neuzeitlicher Färbung wieder aktuell wird: Wie verhält sich das theologische Geheimnis der Kirche als Leib Christi, als Volk Gottes, als Gemeinschaft der Glaubenden zu ihrer sichtbaren, auch empirisch-soziologisch greifbaren Dimension? Das 2. Vatikanische Konzil hat (in der Konstitution über die Kirche, LG 8) genau in dieser Frage einen Schritt getan, der m.E. eine grundsätzliche Wende in der Ekklesiologie ermöglicht hat.

Weil diese Wende aber oft nur verbal-deklamatorisch mitvollzogen wird, nicht jedoch in ihrer realen Konsequenz, knirscht es kräftig im Gebälk unserer Kirche. In einem ersten Schritt möchte ich den Zusammenhang zwischen Theologie und Empirie, konkret: zwischen Communio und Kommunikation anhand dreier Modelle problematisieren, ehe ich im zweiten Schritt dann die Antwort des letzten Konzils etwas konkretisiere; und zwar unter dem Leitmotiv: Communio *durch* Kommunikation.[39]

1. Drei Modelle des Verhältnisses zwischen
theologischer und empirischer Dimension der Kirche

a) Die nachtridentinische Identifizierung

In der katholischen Schul-Ekklesiologie herrschte seit dem Konzil von Trient (1545-1563) faktisch (wenn auch nicht bei allen Theologen, z.B. der Tübinger Schule oder Kardinal Newman u.a.) weithin das Denkmodell der *univoken Identifizierung* zwischen theologischer und empirischer Dimension der Kirche vor. Ein Musterbeispiel dafür bildet die Formulierung des hl. Ignatius in seiner 1. Regel zum „sentire in ecclesia": „Nachdem wir alles (private) Urteil abgelegt haben, müssen wir bereiten und willigen Sinn haben, um in allem der wahren Braut Christi, unseres Herrn, zu gehorchen, die unsere heilige hierarchische Mutter Kirche ist".[40]

Das ist ein reichlich sperriger Text für unsere neuzeitlich-kirchenkritischen Ohren! Ohne auf den geschichtlichen Kontext dieser Regeln näher einzugehen, soll hier nur das für unsere Fragestellung wichtige Kirchenbild aufgezeigt werden, das hinter dieser Formulierung steht.

Auf der einen Seite spricht Ignatius die mystisch-meditative Sprache der biblischen, altchristlichen und mittelalterlichen Tradition: Die Kirche gilt ihm als Braut Christi und als unsere Mutter; beides sind zentrale Symbole der großen geistlichen Tradition, die das theologische Mysterium der Kirche umschreiben. Zum anderen gebraucht er aber auch einen Begriff, der sich auf die empirisch-gesellschaftliche Wirklichkeit der Kirche bezieht, die faktisch erst seit dem Spätmittelalter in den Vordergrund getreten ist: die „hierarchische Kirche". Beides identifiziert er ganz problemlos miteinander: Die empirische, hierarchische Kirche *ist* die theologische Kirche als Braut Christi und unsere Mutter. Das ist ein klarer Affront gegen die Reformatoren und die Humanisten (Erasmus!), die diese beiden Seiten der Kirche weitgehend auseinandergerissen haben.

In diesem Kirchenbild ist verständlicherweise die entscheidende Grundhaltung der Gläubigen gegenüber der Kirche der unbedingte *Gehorsam*; er allein garantiert die Einheit und Wahrheit im Glauben. Es ist ein Gehorsam, der sogar bereit ist, bestimmte Positionen in Glauben, Moral und kirchlicher Lebensordnung auch gegen die eigene Einsicht in ihre Wahrheit und Sinnhaftigkeit anzunehmen. Genau das ist mit dem heute wieder häufiger zitierten „religiösen Gehorsam des Willens und Verstandes" gemeint.

Dieser formale Autoritätsgehorsam folgt konsequent aus dem zugrundeliegenden Kirchenverständnis. Denn durch die Identifizierung von theologischer und gesellschaftlich-hierarchischer Dimension der Kirche wird der Spielraum eines theologisch legitimen Christ- und Kircheseins grundsätzlich auf den Rahmen eingeschränkt, der aktuell vom Lehramt zugestanden wird.

So eindeutig und entschieden diese Option des Ignatius ist, und sosehr sie auch 400 Jahre lang, bis in die Mitte unseres Jahrhunderts, das gängige Kirchenbild der meisten Katholiken geprägt hat, zumal wenn sie in relativ homogenen katholischen Milieus gelebt haben, sowenig kann diese einfache Identifizierung von Mysterium und Institution, von theologischer und empirischer Seite der Kirche mit ihrer Konsequenz des fraglosen Gehorsams heute das letzte Wort sein. Dafür sind in den letzten 30 Jahren die Wertvorstellungen der Moderne – also z.B. Gewissensfreiheit, Selbstverantwortung, Partizipation, Kommunikation usw. – zu massiv auch in den Raum der katholischen Glaubenswelt eingebrochen und haben dabei die Plausibilität dieses Kirchenbildes für die meisten Glaubenden erschüttert.

Darum kann die Zustimmung zu kirchenamtlichen Entscheidungen heute nicht mehr einfach durch die Forderung nach „Gehorsam des Willens und Verstandes" erreicht werden. Wo kirchliche Verlautbarungen nicht vom Verstehen und von der inneren Überzeugung der Gläubigen getragen sind, wo sich in ihnen die persönliche Suche der Menschen nach Wahrheit und ihre eigene Weise, kirchlichen Glauben und persönliches Leben miteinander zu verbinden, nicht wirklich ernst genommen sieht, bleiben sie ein unassimilierbarer Fremdkörper im Glaubensbewußtsein sehr großer Teile des Volkes Gottes heute. Da nützt auch alle „grimmige Entschiedenheit" (Hanno Helbling) des Lehramtes nichts: „Jetzt erst recht!" Sie treibt die katholische Kirche in Europa nur ins kulturelle und religiöse Abseits. Der katholische Glaube hat nie nur vom *Kontrast* zur umliegenden Welt und Kultur gelebt, sondern immer auch von der *Anknüpfung*. Das hat ihn vor allem Sektierertum bewahrt. Papst Johannes XXIII. und mit ihm die große Mehrheit des 2. Vatikanischen Konzils haben dies sehr hellsichtig gerade im Blick auf die moderne Kultur erkannt.

Warum aber ist diese offene Sicht heute in kirchenamtlichen Kreisen nicht mehr so allgemein akzeptiert wie damals? Ich vermute: weil in der Kirche an die Stelle des traditionellen Kirchenbildes eben keineswegs einhellig und eindeutig das neue konziliare Kirchenbild, sondern aufgrund der gesellschaftlichen und kulturellen Veränderungen ein ganz anderes, eher außertheologisch-"postmodernes" Kirchenbild getreten ist.

b) Die Trennung von Empirie und Theologie in der gegenwärtigen öffentlichen Kirchenwahrnehmung

Im gesamtgesellschaftlich-kulturellen Umbruch seit Ende der 60er Jahre, den wir oben als „Modernisierungsschub" beschrieben haben, hat sich bei uns allmählich auch im öffentlichen Bewußtsein das katholische Kirchenbild radikal verändert. Die überkommene schlichte Identifizierung zwischen theologischer und empirischer Dimension der Kirche schlägt um in eine fast vollständige Trennung dieser beiden Größen.

Das zeigt sich z.B. sehr deutlich im heute so gebräuchlichen Begriff „Amtskirche", der gleichermaßen auf die katholische wie auf die evangelische Kirche angewandt wird und darum keineswegs nur oder primär die hierarchische Struktur der katholischen Kirche meint. „Amtskirche" ist v.a. ein *kultursoziologischer* Begriff, der ganz typisch ausdrückt, wie bei uns die Kirche gesellschaftlich-kulturell wahrgenommen wird: nämlich als ein großer religiöser Dienstleistungsbetrieb, der – wie andere gesellschaftliche Großorganisationen auch – von (religiösen) Spezialisten, eben den „Haupt-*amt*lichen", repräsentiert wird und der zuständig ist für die allgemeinen und individuellen religiösen Bedürfnisse (s.o.). Der *theologische* Gehalt des Wortes „Kirche" (Gemeinschaft der Glaubenden, Volk Gottes, Leib Christi u.ä.) wird wohl fast nur noch von den Theologen und Hauptamtlichen, von den vielen ehrenamtlich Engagierten und vom sog. „harten Kern" einer Gemeinde gekannt und anerkannt. In der breiten gesellschaftlichen wie kirchlichen Öffentlichkeit herrscht dagegen weithin ein enttheologisierter und entspiritualisierter Kirchenbegriff vor, eben der der „Amtskirche"; dieser wird zwar durch zahlreiche kontraproduktive Verhaltensweisen von Amtsträgern noch verstärkt, aber er hat seinen eigentlichen Grund in der spezifischen Situation unserer gegenwärtigen mitteleuropäischen Kultur.

Wenn in einem solchen Kontext von „Gehorsam" in der Kirche gesprochen wird, kann das natürlich nur bares Unverständnis oder noch häufiger aggressiven Widerspruch hervorrufen: „Mit welchem Recht kann die ‚Amtskirche' von uns überhaupt in irgendeinem Punkt Gehorsam fordern? Sie ist schließlich für uns und unsere Bedürfnisse da und nicht wir für sie! Schließlich sind wir mündige, emanzipierte Christen, die selbst wissen, ‚wo es lang geht' in Glaubens- und Sittenfragen..."

Es macht die Tragik unserer kirchengeschichtlichen Epoche aus, daß ein solches kulturell bedingtes, weithin untheologisches und ungeistliches Kirchenverständnis sich in der gleichen Zeit ausbreitet, in der auch das erneuerte Kirchenverständnis des 2. Vatikanischen Konzils (Kirche als Communio des Volkes Gottes) sich in der Kirche Raum zu schaffen versucht. So kommt es augenblicklich zu vielen undifferenzierten Vermischungen, Überlagerungen und Verwechslungen zwischen diesen beiden Kirchenbildern (z.B. daß die Kirche sich einfach allen Strukturen demokratischer Meinungsbildung und Entscheidungsfindung anzupassen habe); dies erschwert natürlich eine tiefe, auch geistlich verwurzelte Aufnahme des konziliaren Kirchenverständnisses in den Herzen und Köpfen der Gläubigen.

Ich vermute, daß genau diese unübersichtliche „Gemengelage" zwischen konziliarem Kirchenbild und postmodernem Kirchenverständnis verantwortliche Kräfte in der Kirchenleitung dazu bringt, von den erneuernden ekklesiologischen Ansätzen des letzten Konzils faktisch mehr und mehr Abschied zu nehmen. Sie wenden sich lieber wieder dem alten Kirchenverständnis zu, das sich von der Gregorianischen Reform des 11. und 12. Jahrhunderts an ausbreitete und das nach Trient das allein vorherrschende war: nämlich mit der eindeutigen Vorrangstellung der Universalkirche vor den Ortskirchen, der Einheit vor der Vielfalt, des Gehorsams vor der Partizipation. Das deutlichste Zeugnis dafür stellt das Dokument der Glaubenskongregation über „einige Aspekte der Kirche als Communio" („Communionis notio", 1992) dar: Unter dem Begriff Communio feiert die (päpstliche) Jurisdiktionsekklesiologie des Hoch- bzw. Spätmittelalters fröhliche Urständ. Ob der ein Jahr später (am 23. 6. 1993) im „Osservatore Romano" erschienene (ungezeichnete) Kommentar dazu nur eine Abmilderung oder doch eher eine sachliche Retractatio dieses Dokumentes war, bleibt offen (s. dazu 2. Teil, III).

c) Die Sicht des Konzils: Sakramentale Einheit

Als Ausgangspunkt möchte ich die sehr durchreflektierte Formulierung des 2. Vatikanischen Konzils (LG 8) zitieren; sie enthält den entscheidenden methodischen Neuansatz zum Verständnis von Kirche als theologischer *und* empirischer Größe:

> „*Die mit hierarchischen Organen ausgestattete Gesellschaft (societas) und der geheimnisvolle Leib Christi, die sichtbare Versammlung (coetus adspectabilis) und die geistliche Gemeinschaft (communitas spiritualis), die irdische Kirche und die mit himmlischen Gaben beschenkte Kirche, sind nicht als zwei verschiedene Größen*

(non ut duae res) zu betrachten, sondern bilden eine einzige komplexe Wirklichkeit (unam realitatem complexam), die aus menschlichem und göttlichem Element zusammenwächst. Deshalb ist sie in einer nicht unbedeutenden Analogie dem Mysterium des fleischgewordenen Wortes ähnlich. Wie nämlich die angenommene Natur dem göttlichen Wort als lebendiges, ihm unlöslich geeintes Heilsorgan dient, so dient auf eine ganz ähnliche Weise das gesellschaftliche Gefüge (socialis compago) der Kirche dem Geist Christi, der es belebt, zum Wachstum seines Leibes (vgl. Eph 4,16)."

Die „komplexe Wirklichkeit" der Kirche läßt sich also nach dieser Aussage mit der Menschwerdung Gottes in Jesus Christus analog vergleichen. Das Konzil von Chalkedon, das sich 451 mit der Frage nach der Einheit von göttlicher und menschlicher Natur in Jesus Christus beschäftigte, fand für diese Einheit die Formel: Die göttliche und die menschliche Natur bilden in Jesus Christus eine *„ungetrennte und unvermischte"* Einheit. Wenn also diese christologische Formel von Chalkedon auf „analoge" Weise auf die Kirche übertragen werden kann, dann bedeutet das: In der Kirche bilden die vernunftgemäß erfaßbare und die nur glaubend erkennbare Dimension eine (vergleichbare) „ungetrennte und unvermischte" Einheit. Sie stehen nicht einfach nebeneinander, sondern sind im Heiligen Geist unlöslich miteinander vereint („ungetrennt"). Dabei werden sie aber nicht miteinander identifiziert, sondern bleiben – bei aller Einheit – grundsätzlich voneinander unterschieden („unvermischt").

Bei diesem Modell stehen also die gesellschaftliche Realität der Kirche *und* ihr theologisches Glaubensgeheimnis gleichermaßen im Blickpunkt – aber weder in Form einer unvermittelten *Identifizierung* noch in Form einer unvermittelten *Trennung* beider, sondern in Form einer *symbolischen Beziehung*: Beide Seiten sind voneinander unterschieden und doch auch miteinander verbunden; denn die äußerlich sichtbare Gestalt der Kirche soll das Zeichen, das Symbol und *Sakrament*, das Mittel und Werkzeug des inneren Geheimnisses der Kirche sein. Wie z.B. in der Eucharistie die Mahlgemeinschaft der Glaubenden das werkzeugliche Zeichen und Symbol, eben die sichtbare Gestalt der Gemeinschaft mit dem auferstandenen Christus ist, so soll es für die Kirche im ganzen gelten. *Gehalt* und *Gestalt* der Kirche werden darum als untrennbare symbolisch-sakramentale Einheit gesehen: Das eine bezeichnet das andere, es ist sein sakramentaler Selbstausdruck. Und auch nur in dieser sakramentalen Einheit hat die Kirche ihren Ort im Glaubensbekenntnis; denn nur *als solche* bekennen wir sie als „die eine, heilige, katholische und apostolische Kirche".

Diese konziliare Einsicht hat eine bedeutsame Konsequenz: Wenn sich die Kirche im Konzil (vgl. LG 1-4) wirklich als „Ikone" des dreifaltigen Gottes, als Bild und Gleichnis der „Communio" der Liebe zwischen Vater und Sohn im Heiligen Geist versteht, kann sie aus der inneren Logik einer solchen Symbolik heraus nur in entsprechenden „communialen" oder kommunikativen Strukturen existieren und muß diese auch in einem kommunikativen Lebensstil praktizieren. Wissenschaftstheoretisch folgt daraus: Um „Communio" im vollen, also sakramentalen Sinn zu verstehen, bedarf es der Integration sozialwissenschaftlicher Theorien über Kommunikation und kommunikatives Handeln. Wenn wir nicht in die beliebten Straßengräben fallen wollen, die weithin dem Schema der *Konkurrenz* zwischen Theologie und Soziologie folgen, müssen wir uns auch in der Ekklesiologie des chalkedonensischen Modells bedienen, das von der Idee der symbolischen *Konvergenz* zwischen diesen beiden Erkenntnisweisen geleitet ist. Wir wollen dies im folgenden Teil ein wenig konkretisieren.

2. Konkretisierung des konziliaren Kirchenbildes: Communio durch Kommunikation

a) Der theologische Gehalt von Communio

Das Kirchenbild hängt immer auch entscheidend vom *Gottesbild* ab, das in einer glaubensgeschichtlichen Epoche jeweils bestimmend ist. Genau in diesem Punkt hat in den letzten Jahrzehnten eine große Veränderung im Glaubensbewußtsein der westlichen Christenheit stattgefunden.

Zum einen tritt (bedingt durch die ökumenische Bewegung und ihre Hinwendung zu den altkirchlichen Glaubensbekenntnissen als der Basis eines neuen Konsenses) das *trinitarische* Gottesverständnis wieder stärker in den Vordergrund, und zwar im Sinn der biblisch-personalen Beziehungen: Gott ist in sich selbst die wechselseitig zugewandte Liebe zwischen Vater und Sohn im gemeinsamen Geist dieser Liebe; er ist reines Leben in Beziehung, unendlich gefülltes Geschehen aus Beziehungen, eine Communio des Gebens („Vater"), Empfangens („Sohn") und Vereinens („Heiliger Geist").

Zum anderen verliert im Zuge der soziologischen Auflösung der konfessionellen Milieus und ihres heilstheoretischen Dualismus (Heil für die Rechtgläubigen drinnen – Unheil für die Ungläubigen oder Häretiker draußen) auch das damit verbundene Gottesbild mehr und mehr an Gewicht: Gott wird nicht mehr v.a. als strenger und gerechter Herr und Richter gefürchtet, sondern seine uns und allen Menschen zugewandte Liebe und Barmherzigkeit rückt in den Vordergrund. Der *universale Heilswille* Gottes gilt gegenwärtig in der Frömmigkeit der meisten Christen wohl als seine vorzüglichste Eigenschaft.

Diese Akzentverlagerung im Gottesbild wirkt sich sehr deutlich auch im gegenwärtigen *Kirchenbild* aus: Sie kann theologisch und geistlich betrachtet werden als ein Gleichnis dieses dreifaltigen Gottes und seiner Commu-

nio der Liebe. In einer Kurzformel läßt sie sich beschreiben als die vom Heiligen Geist geeinte, dem Sohn Jesus
Christus zugestaltete und mit der ganzen Schöpfung zum
Reich Gottes des Vaters berufene Gemeinschaft der
Glaubenden. Die Beziehung zum Heiligen Geist schenkt
der Kirche ihre spezifische Form der *Einheit,* eben die
Einheit in der Vielfalt; der Heilige Geist macht sie zur
„ecclesia", zur Volksversammlung Gottes. Die Bezie-
hung zu Jesus Christus schenkt der Kirche ihren spezi-
fischen *Inhalt,* eben Kirche der Nachfolge Jesu zu sein;
dadurch wird sie zum „Leib" und zur „Braut Christi".
Die Beziehung zum Vater benennt den *Ursprung* und das
Ziel der Kirche, eben Schöpfung und Reich Gottes; als
„Volk Gottes" verbindet sie beides im Sinn der Weggemeinschaft mit allen Geschöpfen zum vollendeten Reich
Gottes hin.

b) Die entsprechende empirische Gestalt:
Eine kommunikative Kirche

(1) Der springende Punkt:
Einheit durch dialogisch erzielten Konsens
Das bedeutet: Ein wirklich einheitstiftender Konsens
innerhalb einer so verstandenen Kirche wird weder von
oben einfach diktiert noch von unten durch Druck der öffentlichen Meinung oder durch einfache Mehrheitsab-
stimmungen durchgesetzt, sondern er wird in einem
konfliktreichen und offenen Dialog zwischen all jenen
Überzeugungen, Glaubensweisen und Lebensstilen in der
Kirche gesucht, die sich an folgenden drei *Kriterien* mes-
sen lassen: am unbedingten Willen zur (1) *Einmütigkeit,*
zur (2) *Treue* gegenüber der verbindlichen Vorgabe der
Glaubensüberlieferung und zur (3) glaubwürdigen *Ver-*
mittlung des Glaubens in die jeweilige Situation hinein.
Wo nach diesen drei Kriterien wenigstens versucht wird,
im innerkichlichen Dialog zu handeln, bestehen doch gute
Chancen, daß es zu einem weithin mitgetragenen Konsens

im Glauben kommen kann. Natürlich ist dies alles keineswegs unproblematisch und einfach; und zwar nicht nur wegen der Amtsproblematik in der katholischen Kirche, sondern mehr noch aus gesellschaftlich-kulturellen Gründen (die evangelische Kirche teilt weithin die moderne Problematik von Einheit und Konsens bei ganz anderen institutionellen Strukturen!).

(2) Das Hauptproblem:
Verbindlicher Konsens in der „Postmoderne"?
Die Hauptschwierigkeit in diesem Zusammenhang liegt m.E. darin, daß die Prozesse zur Konsensfindung in der Kirche nicht im luftleeren oder rein binnenkirchlich-theologischen Raum stattfinden, sondern unter Menschen, die mehr und mehr vom Geist der Moderne bzw. Postmoderne geprägt sind. Das bedeutet u.a., daß die *Bindung* an eine *verbindlich* vorgegebene Tradition für viele fast nicht mehr nachvollziehbar ist (s.o.). Der Primat des eigenen Standpunktes, des eigenen Gewissens und des eigenen Lebensentwurfs ist außerordentlich stark. Noch komplexer scheint die Problematik des Verhältnisses zwischen *Einheit* und *Pluralität* zu sein: Wie kommt überhaupt noch verbindliche Einheit in einer Kultur zustande, zu deren höchsten Werten eben „radikale Pluralität" gehört?

Diese Mentalität in unserer Kultur wirkt sich auch auf das Verständnis des Konsenses und der *Einmütigkeit* in der Kirche aus; sie führt nicht selten zu einem „postmodernen" Mißverständnis dieser beiden Begriffe. Paul Wess charakterisiert dieses per negationem so: *„Einmütigkeit ist nicht eine oberflächliche Übereinstimmung auf der Basis einer antiautoritären individualistischen Selbstbestimmung, in der jede(r) sein eigener Herr oder ihre eigene Frau bleibt und nur soweit mit anderen zusammenwirkt, als es ihm oder ihr eben leichtfällt und gerade paßt; also ohne jeden höheren Anspruch, unter dem alles stehen würde. Es wäre nur das gemeinsam und verbindlich, dem*

‚alle locker zustimmen'..., und solange sie es tun (denn niemand will sich binden). Jede darüber hinausgehende Verbindlichkeit wird unter Berufung auf eine – in Wirklichkeit ‚repressive' – Toleranz unterdrückt."[41]

Stattdessen bestimmt er den Begriff positiv folgendermaßen: „Einmütigkeit zwischen zwei oder mehreren Personen ist dann gegeben, wenn die Betreffenden die Entscheidung so ernst nehmen, als ob sie sie allein treffen und verantworten müßten und dennoch zu einer gemeinsamen Lösung kommen, die alle noch mittragen und mitverantworten können, auch wenn nicht alle sie für die beste halten. Es darf also niemand gegen sein Gewissen handeln müssen" (wobei er unterscheidet zwischen dem eigentlichen Gewissen und seinen zuweilen irrigen Gewissensurteilen).[42]

Daß diese Einmütigkeit in der Kirche heute so schwierig zu erreichen ist, liegt eben keineswegs nur an einer innerkirchlichen Strukturkrise, sondern auch und primär an einer unbewältigten, vom kulturellen Pluralismusideal der Moderne mitgetragenen Uneinigkeit in wichtigen Grundfragen des Glaubens und der kirchlichen Lebenspraxis:

„Das beginnt schon bei der fehlenden gemeinsamen Basis. Diese ist heute in der Kirche weitgehend umstritten. Verschiedene Glaubensverständnisse, Kirchenbilder und Amtsauffassungen stehen nebeneinander und widersprechen einander. Sie können nicht Grundlage gemeinsamer Entscheidungsfindung sein. Das Konzil hat hier Schleusen geöffnet, aber es wurde noch kein neues Flußbett gefunden. Auch das Neue Testament genügt nicht als Basis. Es ist selbst aus mehreren Traditionen entstanden, kann verschieden ausgelegt werden (weshalb es auch Konzilien usw. braucht) und wird es heute auch...

Aber auch wenn es diese Basis schon wieder gäbe, wären die Voraussetzungen und Formen ihrer Aneignung noch nicht geklärt bzw. ist diese manchmal nicht erfolgt. Mit anderen Worten: Die Baby- oder Kindertaufe ohne ein

*nachgeholtes Katechumenat mit dem Abschluß in einer
Erwachsenentauferneuerung muß für die Kirche zum Bu-
merang werden, sobald sie auf einem Konzil alle Getauften für grundsätzlich mündig erklärt, ohne sich über die
Durchführung dieser Zielvorstellung konkrete Gedanken
zu machen...*

*Es fehlen noch weitgehend die entsprechend intensi-
ven (überschaubaren) Gemeinden, in denen gemeinsames
glaubwürdiges Leben ursprünglich erfahren, eingeübt, gelebt und so auch wieder anderen zugänglich gemacht
werden kann.*" (P. Wess)[43]

(3) Kein notwendiger Widerspruch zwischen
dialogischem Konsens und kirchlichem Leitungsamt

Neben dieser Problematik spielt natürlich auch die
„hierarchische" Amtsstruktur der katholischen Kirche
eine große Rolle bei der gegenwärtigen Schwierigkeit, die
Communio-Theologie auch strukturell umzusetzen. Seit
den ersten Jahrhunderten der Entstehung der universalen
Communio hat sich die Kirche für ein Modell von Konsens und Einmütigkeit entschieden, das auf der Kombination von synodalem und „hierarchischem" Prinzip beruht,
was sich auf der universalkirchlichen Ebene im konfliktreichen Zusammenspiel von kollegial-episkopaler
und petrinischer Amtsstruktur ausdrückt. Ich halte diese
Verbindung von (synodaler) Suche nach Einmütigkeit und
(personal-zentrierter) Letztverantwortungskompetenz gerade in der augenblicklichen kirchlichen und gesamtgesellschaftlichen „Gemengelage" für einen sehr heilsamen
Anker für die Kirche und ihre Einheit im Glauben. Wenn
nämlich alle Getauften (aber viele von ihnen ohne regelmäßigen Gemeindebezug und ohne kirchliche Glaubenspraxis) ein entscheidendes Wort mitreden wollten etwa in
Fragen, die sich um unser personales (und nicht naturhaft-
kosmisches) Gottesbild drehen; oder um die universale
Heilsmittlerschaft Jesu Christi, die nicht der postmodernen „Toleranz" einer pluralistischen Religionstheorie ge-

opfert werden darf; oder um die sich wechselseitig ausschließenden Alternativen Auferstehung und Reinkarnation; oder um die Endgültigkeit einer sakramentalen Ehe, aber auch um den Sinn der Ehelosigkeit um des Reiches Gottes willen für die Kirche; oder um eine verantwortete, die bestehenden Differenzen nicht überkleisternde Ökumene (die nicht nach dem Motto vorangeht: „Wir glauben eh so wenig; das können wir auch ruhig gemeinsam tun") usw. – wenn in solchen, heute durchaus sehr sensiblen Punkten nicht ein struktureller Widerhaken durch unsere „hierarchischen" Amtsstrukturen eingebaut wäre, stände m.E. die Identität der Kirche sehr schnell auf dem Spiel (und die Fundamentalisten wären die Nutznießer).

Aber – und das ist entscheidend – dieses Strukturelement zerstört nur dann nicht den Communio-Charakter der Kirche, wenn sich sein Einsatz im Rahmen einer weithin akzeptierten Struktur der Konsens- und Entscheidungsfindung vollzieht und wenn es sich dabei eindeutig als letzter Ausweg nach ergebnislosen Gesprächen und Bemühungen um gegenseitiges Entgegenkommen und um Einmütigkeit erweist. Weil dies jedoch für einen Großteil der Gläubigen heute nicht mehr erkennbar wird, weil die gegenwärtigen Strukturen zur Herbeiführung des Glaubenskonsenses selbst immer weniger vom allgemeinen Konsens getragen sind (eben weil sie den Ansprüchen einer kommunikativen Konsensfindung zuwenig entsprechen), darum ist die Einheit der Kirche als Communio zutiefst gefährdet. Und genau dies dürfte heute in der Sicht vieler Christen der Fall sein.

Wir haben eigentlich von unserer alten patristischen Communio-Tradition her durchaus die nötigen Strukturelemente (mit den verschiedenen Ebenen synodalen und „hierarchischen" Handelns), um uns sowohl vor einer autoritären Hierarchie wie vor einer populistischen Demokratie in der Kirche zu schützen. Sie müßten nur in ausgewogener Form auf rechtlich präzise und verbindliche Weise eingesetzt werden. Angelpunkt und Prüfstein für einen ernsthaften Willen dieser Art bildet m.E. das rechtliche Verfahren der *Bischofswahlen*. Es gibt keinen durchschlagenden theologischen Grund dafür, das in der lateinischen Kirche übliche Verfahren, das von den Avignoneser Päpsten des Spätmittelalters durchgesetzt wurde und die Position Roms unverhältnismäßig bevorzugt, auch in unserer gegenwärtigen kirchengeschichtlichen Epoche weiterzuführen. Das altkirchliche Modell der gleichgewichtigen Mitwirkung aller relevanten Kirchen-Ebenen, also z.B. der ortskirchlichen (Organe des Bistums), der überörtlich-regionalen (Bischofskonferenzen) und der universalkirchlichen (Rom) ist sowohl der erneuerten Communio-Theologie wie auch unserer gegenwärtigen gesamtkirchlich-gesellschaftlichen Lage bedeutend angemessener als der bislang praktizierte Modus. Gerade die synodalen Strukturen der „unteren" Ebene (Bistum und Pfarrgemeinden) erführen dadurch eine entscheidende Aufwertung, die sie von dem Geruch des „Spielwiesencharakters" befreien könnte. Es führt eben nichts an der Einsicht vorbei: Auch das „hierarchische" Amt in der Kirche kann heute nur noch durch eine kommunikative Rechtskultur in seinem wahren theologischen Sinn und Wert erhalten bleiben. Alles andere ist auf Dauer kontraproduktiv und selbstzerstörerisch.

Natürlich liegt es nicht nur an solchen Strukturfragen, ob die Vermittlung zwischen kirchlicher Identität und moderner Kultur auf Dauer gelingt. H. U. v. Balthasar hat die Strukturen des „Leibes Christi" häufig mit dem „Knochengerüst" im menschlichen Körper verglichen. In der Tat, sie sind nicht mehr, aber auch nicht weniger. Denn jeder weiß: *Ohne* ein gesundes und bewegliches Knochengerüst ist der ganze Leib gelähmt.

Das Stichwort „Bischofswahlen" weist uns noch auf eine andere Kommunikationsstörung in der Kirche hin, die unseren unmittelbaren kulturellen Erfahrungsraum zwar übersteigt, sich in ihm aber besonders kontrastierend auswirkt: nämlich auf das schwierige Verhältnis zwischen

Universalkirche und Einzelkirchen. Sowohl die theologische Theorie dieses Verhältnisses wie auch seine praktische Gestaltung führen augenblicklich weltweit immer wieder zu großen Spannungen in der Kirche.

III. Das Ungleichgewicht zwischen Universalkirche und Einzelkirchen

Das Schreiben der Glaubenskongregation vom 15. 6. 1992 an alle Bischöfe über „einige Aspekte der Kirche als *Communio*" hat eine derart kontroverse Diskussion innerhalb der katholischen Kirche und in der Ökumene über die *Communio*-Theologie des 2. Vatikanischen Konzils entfacht, daß sich der „Osservatore Romano" am 23. 6. 1993 zu einem klarstellenden Kommentar (wohl aus der Feder von Joseph Kardinal Ratzinger) genötigt sah (s.o.). Ehe ich auf diese beiden Texte näher eingehe, möchte ich in einem ersten, mehr grundsätzlichen Teil das im 2. Vatikanischen Konzil grundgelegte Verhältnis zwischen Universalkirche und Einzelkirchen darlegen, womit ich weithin den Konsens jener nachkonziliaren Ekklesiologie wiedergebe, die sich gerade den erneuernden Ansätzen verpflichtet weiß, die das 1. Vatikanische Konzil relativieren, es also in den größeren Kontext der *Communio*-Theologie einordnen.[44]

1. Die konziliare Verhältnisbestimmung

Der entscheidende Schritt, durch den das 2. Vatikanische Konzil das stark zentralistisch geprägte Kirchen- und Amtsverständnis des 2. Jahrtausends wieder in den Horizont des biblisch-patristischen Begriffs von Kirche einfügte und dadurch neu interpretierte, besteht darin, daß in der Kirchenkonstitution endlich wieder der *Plural* „die

Kirchen" sein theologisches Hausrecht innerhalb der katholischen Kirche und in der Ökumene erhält. Zwar steht von der faktischen Gewichtung her noch immer der Singular „die Kirche" als Ausdruck für die eine, allumfassende *Ekklesia* Gottes eindeutig im Vordergrund (vgl. LG 1; 2). Das ändert aber nichts daran, daß in der grundsätzlichen Sicht dieser Konstitution und anderer Konzilstexte die Orts- und Partikularkirchen den gleichen theologischen Rang erhalten wie die Universalkirche. Die wichtigsten Aussagen dazu finden sich im Kontext der neuformulierten bischöflichen Kollegialität: „*In* den Einzelkirchen und *aus* ihnen besteht (existit) die eine und einzige katholische Kirche" (LG 23). „Die Kirche Jesu Christi ist wahrhaft in allen rechtmäßigen Ortsgemeinschaften der Gläubigen anwesend (vere adest), die in der Verbundenheit mit ihren Hirten im Neuen Testament auch selbst Kirche heißen" (LG 26).

„Indem die Diözese ihrem Hirten anhängt und von ihm durch das Evangelium und die Eucharistie im Heiligen Geist zusammengeführt wird, bildet sie eine Einzelkirche (ecclesia particularis), in der die eine, heilige, katholische und apostolische Kirche Christi wahrhaft wirkt und gegenwärtig ist (vere inest et operatur)" (CD 11).

a) Das Prinzip der Gleichursprünglichkeit

Der Sinn dieser und ähnlicher Konzilsaussagen liegt darin: Sowohl die Universalkirche als auch die vielen Orts- und Partikularkirchen, in denen auf legitime Weise die kirchlichen Grundvollzüge der *martyria, liturgia* und *diakonia* vollzogen werden, gelten im vollen Sinn als Kirche (ecclesia); allerdings nur, wenn sie in einer solchen wechselseitigen Beziehung zueinander stehen, daß sie miteinander wirklich die „*communio ecclesiarum*", die „Gemeinschaft von Kirchen" bilden. Die Universalkirche ist demnach nicht der (nachträgliche) Zusammenschluß in sich vollständig „subsistierender" Orts- bzw. Personalgemeinden (nach Art eines organisatorischen Dachverbandes); sie ist aber auch nicht die (vorgängige) soziale Systemganzheit, die sich (aus rein äußeren Gründen) in viele Teile („Subsysteme") untergliedert (nach Art von „Abteilungen" einer weltweiten „Superdiözese").[45]

Wie die Analyse des biblischen Begriffs „Ekklesia" und des patristischen Verständnisses von „Koinonia" zeigt, konstituiert sich die geschichtlich existierende Kirche *gleichursprünglich* als die *eine* umgreifende Kirche (eben das eine „Volk Gottes", der eine „Leib Christi") und als die *„Vielfalt"* der verschiedenen Kirchen und Gemeinden („Volk Gottes" in Jerusalem, in Korinth, in Rom, in Philippi usw.). Beide Seiten sind nicht voneinander ableitbar und nicht aufeinander reduzierbar; sie tragen beide den ursprünglichen Wert und Sinngehalt von Kirche in sich. Dieser kommt darum nur *in der wechselseitigen Beziehung* zueinander zum Tragen, so daß einerseits die Universalkirche nur „in und aus" den Ortskirchen besteht (LG 23), nur in ihnen (als einzelnen und im Gesamt) „da ist" (LG 26), und anderseits die Einzelkirchen nur in der kommunikativen (d.h. letztlich in Glaubens- und Eucharistiegemeinschaft miteinander stehenden) Einheit aller Kirchen ihr eigenes Kirche-Sein verwirklichen.

Schon vom Begriff der „Gemeinschaft" im normalen Sprachgebrauch her leuchtet dieser etwas kompliziert klingende Sachverhalt schnell ein: Wir sprechen nur da von wirklicher Gemeinschaft, wo die einzelnen Glieder keine bloßen Rädchen, Nummern oder Teile des Ganzen sind, sondern als eigenverantwortliche Größen anerkannt werden. Aber auch umgekehrt dürfen diese ihre Gemeinschaft nicht bloß als „Summe der einzelnen Glieder" betrachten, sondern als eine eigenwertige, den einzelnen in formender und fordernder Weise auch gegenüberstehende Größe.[46]

b) Die Praxis von Integration und Differenzierung

Aus diesem theoretisch weithin anerkannten Prinzip folgt allerdings eine grundlegende und darum umstrittene *Revision der Praxis* der letzten Jahrhunderte. Denn Integration *und* Differenzierung verlangen jetzt eine gleiche Wertung und Gewichtung in der Kirche. Das heißt: Nur wo die ursprüngliche und gleichwertige Vielfalt der Orts- und Partikularkirchen angemessen zur Geltung kommt, wo diese nicht uniformiert, sondern differenziert leben können, erst da ist auch die Universalkirche im vollen Sinn „Kirche". Eine uniforme Einheitlichkeit dagegen zerstört auf Dauer die Kirche in ihrem tiefsten Selbstvollzug als „Gemeinschaft von Kirchen"; sie nimmt sowohl den Einzelkirchen als auch der Universalkirche ihren theologischen Charakter als Kirche, als Gemeinschaft.

Umgekehrt gilt aber das gleiche: Die einzelnen Kirchen sind nur da im vollen Sinn „Kirche", wo sie sich bei aller Eigenständigkeit doch zugleich in das größere Ganze des Bundes aller Ortskirchen, eben der Universalkirche, eingliedern; wo sie ihren Eigenwert nicht so übertreiben, daß die umgreifende Einheit strukturell nicht mehr sichtbar und darum auch handlungsunfähig wird. Die Bereitschaft zur Integration von seiten der Ortskirchen *und* die Bereitschaft zur Differenzierung von seiten der Universalkirche bilden miteinander die Voraussetzung für eine gelingende Praxis als „Gemeinschaft von Kirchen".

Daß diese *wechselseitige* Beziehung nach einer jahrhundertelangen *einseitigen* Praxis nicht einfach zu verwirklichen ist, braucht niemanden zu verwundern. Jede Seite steht fast unvermeidlich in Gefahr, sich selbst zu wichtig zu nehmen und damit die schwebende, nur im ständigen, offenen und angstfreien Dialog einzuhaltende Balance aufzugeben. Deswegen bedarf es in der Kirche der dauernden *gegenseitigen* Korrektur gegen überzogene Ansprüche der anderen Seite. Wie Rom die Einzelkirchen immer wieder mit Recht an die universale Einheit erinnert und sie darin verbindlich einbindet, so sind auch die Einzelkirchen ihrerseits genauso berechtigt und verpflichtet, gegenüber Rom ihr unaufgebbares Eigengewicht verbindlich geltendzumachen. *Solche* kritischen Einsprüche gegenüber dem Petrusamt und seiner universalkirchlichen Verantwortung dürfen dann keineswegs als Ungehorsam diffamiert, sondern müssen im Gegenteil als unerläßlicher Dienst an der differenzierten Einheit der Kirche eingefordert und gestärkt werden. Eine zentrale Kirchenleitung, die der wachsenden katholischen Vielfalt nicht defensiv gegenübersteht, sondern selbstbewußt und selbstkritisch zugleich agiert, wird einen solchen Dialog ohne Gesichtsverlust verkraften.

c) Kirchenrechtliche Konsequenzen

(1) Aufwertung von Bischofssynode,
Partikularkonzilien und Bischofskonferenzen
Diese Wechselseitigkeit von Einheit und Vielfalt in der Communio käme innerkatholisch viel wirksamer zum Ausdruck, wenn die von Papst Paul VI. auf Empfehlung des Konzils eingerichtete *Bischofssynode* nicht nur beratenden, sondern auch *entscheidenden* Charakter hätte. Ihre Ergebnisse müßten dann nicht nur als Vorlage für eine anschließende päpstliche Verlautbarung dienen, sondern könnten – analog zum Konzil – als gemeinsame Äußerung des einen, kollegial und primatial zugleich verfaßten obersten Leitungsgremiums der Kirche gelten. Der augenblickliche Status verstärkt im Grunde nur die ungleichgewichtige Struktur des kirchlichen Leitungs- und Lehramtes, so daß die „ausbalancierenden" Impulse des 2. Vatikanischen Konzils kaum fruchtbar werden können.

Ähnliches gilt von *Partikularkonzilien*, z.B. einer ganzen Kontinentalkirche oder einer sonstigen größeren kulturellen Einheit. Auch hier widerspricht es der inneren Logik der konziliaren Kirchentheologie, die die katholische Kirche als „Communio ecclesiarum" neu beleben wollte, wenn solche Konzilien oder solche Synoden nur von Rom einberufen und unter römischer Leitung oder Kontrolle ausgetragen werden können (z.B. die Afrikanische Synode von 1994 in Rom oder die 4. Vollversammlung des lateinamerikanischen Episkopats 1992 in Santo Domingo). Bei einer derartigen Praxis setzt sich eben doch wieder das längst überwunden geglaubte uniformistische und zentralistische Einheitsmodell durch.[47]

Eine weitere Möglichkeit, die Communio-Theologie des 2. Vatikanischen Konzils auch praktisch wirksam werden zu lassen, besteht darin, die *Bischofskonferenzen* theologisch oder rechtlich aufzuwerten und sie als ein zwar geschichtlich bedingtes, aber theologisch konstitutives, zwischen Papst und Einzelbischof stehendes Strukturelement der Kirche zu betrachten. In dieser Frage herrscht seit einigen Jahren ein offener Dissens zwischen den meisten katholischen Theologen und Kanonisten einerseits und dem von römischer Seite (konkret von der Kongregation für die Bischöfe, 1987) vertretenen Standpunkt andererseits.[48] Eine v.a. an der jurisdiktionellen Vollmacht des Papstes bzw. des einzelnen Bischofs orientierte Ekklesiologie befürchtet von einer so starken Aufwertung bestimmter kollegialer „Zwischeninstanzen" vor allem eine Beschränkung der päpstlichen bzw. einzelbischöflichen Vollmacht; höchstens als pastoral nützliches und notwendiges Beratungsorgan wird es akzeptiert.[49] Dagegen sieht die andere Position, die die Communio-Theologie des 2. Vatikanischen Konzils konsequent in die kirchliche Rechtsstruktur übersetzen will, in den Bischofskonferenzen zunächst einmal eine der gegenwärtigen kirchlichen Situation angemessene Neuauflage der synodalen und metropolitanen Strukturen der alten Kirche (vgl. LG 23). Darüber hinaus aber hält sie diese Institution für eine dem Wesen der Kirche entsprechende und darum (bei aller Zeitbedingtheit) doch theologisch notwendige Konkretisierung ihrer Grundstruktur als Sakrament der Communio Gottes.[50]

Die außerordentliche Bischofssynode von 1985 steht dieser Position zumindest nahe; sie sieht in der Communio-Theologie die „sakramentale Grundlage" des Kollegialitätsprinzips, welches im strengen und vollen Sinn verwirklicht werde in Handlungen des *gesamten* Bischofskollegiums mit seinem Haupt. Daneben gebe es aber auch „Teilverwirklichungen, die authentische Zeichen und Werkzeuge des Sinns für Kollegialität (collegialis affectus: nach LG 23) sind: Bischofssynode, Bischofskonferenzen, römische Kurie, ad-limina-Besuche... (II C 4)".[51] Von daher kann die Vollmacht der Bischofkonferenz auch nicht eine von den einzelnen Bischöfen oder vom Papst delegierte Vollmacht sein; vielmehr bringt sie die ursprüngliche, sich von Christus herleitende bischöflich-einzelkirchliche Vollmacht auf ihre spezifische, kollegiale Weise zum Ausdruck.[52]

Die Geschichte der altkirchlichen Communio zeigt überdies sehr deutlich, daß eine bloß duale (= zweigliedrige) Struktur, die sich auf den zwei Ebenen der ortsbischöflichen und der päpstlich-gesamtkirchlichen Leitungsvollmacht ausbildet, allmählich zur *Auflösung* der Communio als wirklicher Gemeinschaft von Kirchen führt. Im Westen wurden die einzelnen Ortskirchen mehr und mehr von einem starken Papstamt „aufgesogen" und als regionale Untergliederungen in die römische Stadtkirche eingemeindet; im Osten fiel die Communio ohne ein wirksames Papstamt in viele „autokephale" Orts- und Partikularkirchen auseinander, die fast keine handlungsfähige Einheit mehr bilden.

„*Daraus folgt mit stringenter Konsequenz, daß allein eine triadische = dreigliedrige Kirchenstruktur, die sich realisiert in den Bereichen: Ortskirche (mit ihrem Bischof), regionalkirchliche Einheiten (mit ihren Protoi, also bestimmten ‚Hauptkirchen'), Gesamtkirche (mit dem Papst), garantiert, daß die gesamtkirchliche Communio weder in eine Vielheit von Ortskirchen zerfällt (die aus sich heraus meist auch zu klein sind, eine wirkli-*

che Eigengestalt und kulturelle Synthese hervorzubringen), noch daß diese angesichts des päpstlichen Primats das Gewicht des Katholischen nicht mehr voll zur Geltung bringen kann." (G. Greshake)[53]

Wer wirklich eine dauerhafte und lebensfähige Communio-Struktur für die Kirche will, muß diese synodalen „Zwischeninstanzen" stärken; sonst bleibt jedes Reden von Communio-Theologie unglaubwürdig.

(2) Neuer Weg bei Bischofswahlen

Der kritische, aber ausschlaggebende Beweis dafür, daß man die konziliare Communio-Ekklesiologie nicht nur als ein weiteres Schmuckstück in der langen Geschichte spiritueller Kirchenbilder ohne allzu großen empirischen Erfahrungsgehalt, sondern als ein ernsthaft akzeptiertes Konzept für die reale Kirche betrachten darf und soll, liegt zweifellos in der Art und Weise, wie in der katholischen Kirche die *Bischöfe* gewählt bzw. ernannt werden. Das Kirchenrecht formuliert hier relativ offen: „Der Papst ernennt die Bischöfe frei oder bestätigt die rechtmäßig Gewählten" (c. 377,1 CIC). Vom *Prinzip* her hat Rom seit dem 14. Jahrhundert die These durchgesetzt, daß der Papst in seiner „plenitudo potestatis" die Bischöfe ernennen kann. In der kirchlichen Praxis ist dies weltweit aber erst im 20. Jahrhundert vollständig realisiert worden; vorher gab es noch in vielen Ländern eine gewichtige Mitbestimmung durch staatliche Instanzen oder durch das Domkapitel, wobei Rom in den meisten Ländern erst am Schluß des Wahlverfahrens durch seine Bestätigung in Aktion trat. Inzwischen sind auch in Deutschland die durch Konkordate geregelte Zustimmung staatlicher Stellen oder die Mitwirkung des Domkapitels auf ein eher formales Minimum reduziert.[54] Darin spiegelt sich noch eindeutig die Vorherrschaft jenes Kirchenverständnisses, das die Einheit der Kirche und die Vollmachtsverleihung an den Amtsträger primär von der obersten Jurisdiktionsvollmacht des Papstes herleitet.

Dies ist aber keineswegs mehr einfachhin das Selbstverständnis der katholischen Kirche nach dem 2. Vatikanischen Konzil. In dem Maße, wie der Communio-Charakter der Kirche und damit auch die kollegiale Struktur des obersten Leitungsamtes wieder an Bedeutung gewonnen haben, müssen auch hinsichtlich der Bischofs-ernennungen *dringend* neue Überlegungen angestellt werden. Nach den sehr ausgewogenen und zuverlässigen geschichtlichen Untersuchungen von K. Schatz und anderen sollten dabei v.a. folgende Gesichtspunkte berücksichtigt werden:[55]

Da die Bischofsernennung eine Grundfunktion der kirchlichen Communio darstellt, ist es höchst sinnvoll, daß bei ihr – nach dem Vorbild der altkirchlichen Bischofs-wahl – nicht nur *eine* Instanz, sondern *alle* strukturellen Elemente der Communio maßgeblich und verbindlich einbezogen werden: also die Ortskirche selbst (z.B. durch den diözesanen Pastoralrat und den Priesterrat, die als entscheidende Repräsentanten der Gemeinden und als wichtigste Mitarbeitergremien des Bischofs die Kandidaten-listen aufstellen); dann die „mittlere" Ebene der partikularkirchlichen Gemeinschaft der Ortskirchen (z.B., indem die Bischofskonferenz aus diesen Listen den neuen Bischof auswählt[56]; allerdings auch mit der Möglichkeit, neue Kandidaten zu benennen, die das einmütige Vertrauen der ortskirchlichen Gremien besitzen); und schließlich das universalkirchliche Leitungsamt des römischen Bischofs, der den so gewählten Bischof letztverantwortlich bestätigt (oder auch nicht; denn auch ihm bleibt das Recht, einen neuen Kandidaten vorzuschlagen, der aber ebenfalls das einmütige Vertrauen der beiden anderen Ebenen genießen muß).

Durch dieses strukturelle Zusammenwirken aller theologisch relevanten Dimensionen der Communio kann noch am ehesten gewährleistet werden, daß ein Bischof nicht zu stark nach bestimmten politischen Interessen, nach „Linientreue" oder nach Popularität ausgewählt wird, sondern entsprechend der notwendigen Qualifikation für den Dienst des Hirten in der Kirche. Zugleich könnte dadurch auch am wirksamsten verhindert werden, wovor schon Coelestin I. und Leo d. Gr. im 5. Jahrhundert warnten: „Nullus invitis detur episcopus (kein Bischof soll einer Kirche gegen ihren Willen gegeben werden)".

Genau dies hat in den letzten Jahren zu einer starken Polarisierung in zahlreichen Ortskirchen und Bischofskonferenzen geführt: daß nämlich von Rom oft Bischöfe (meist aus jener pastoralen und/oder theologischen Richtung, die dem Kirchenbild des 1. Vatikanums näher steht als dem des 2. Vatikanums) gegen den Willen eines großen Teils der Ortskirche und ihrer Gremien eingesetzt wurden und werden. So etwas behindert und spaltet die Kirche, die sich in ihrer großen Mehrheit auf den Weg gemacht hat, vom 2. Vatikanischen Konzil her das Kirchen- und Amtsverständnis des letzten Jahrtausends in einem neuen Horizont zu verstehen und zu realisieren. Mit Recht kann sie deswegen von Rom erwarten, daß sie auf diesem Weg durch eindeutige Zeichen einer kollegialen Amtsausübung ermutigt und nicht immer wieder zurückgeworfen wird.

2. Das Dokument der Glaubenskongregation „Communionis notio" (1992)

Der Anlaß dieses Dokumentes[57] über „einige Aspekte der Kirche als Communio" wird von der Glaubenskongregation in bestimmten Verkürzungen des konziliaren Communio-Verständnisses gesehen, v.a. was den Zusammenhang zwischen Communio und den Kirchenbegriffen „Volk Gottes", „Leib Christi" und „Sakrament" betrifft. Ich möchte hier nur den zweiten Teil etwas kommentieren, der im lateinischen Text überschrieben ist mit „De Ecclesia universali et de Ecclesiis particularibus"[58], was m.E. nicht übersetzt werden sollte mit „Gesamtkirche und Teilkirchen", sondern besser mit „Universalkirche und Einzelkirchen"[59]; denn „ecclesia universalis" meint den *theologischen* Begriff von Kirche, wie er im Glaubensbekenntnis gemeint ist („ecclesia catholica..."), während das deutsche Wort „Gesamtkirche" sich zunächst nur auf die *empirische* Wirklichkeit der weltumspannenden Kirche bezieht. Sowenig beide Seiten voneinander zu trennen sind, sollten sie doch terminologisch klar unterschieden werden (vgl. LG 8).

In diesem zweiten Teil des Schreibens wird das Verhältnis zwischen Universalkirche und Einzelkirchen in einer sehr schwebend-ambivalenten Weise ausgesagt, die dem Mißverständnis einer Unterbewertung der Einzelkirchen Vorschub leistet. Es beginnt bereits in Nr. 7, wo zunächst sehr pointiert gesagt wird, daß die Kirche Christi, also die Kirche des Credos, die Universalkirche ist, die *„gegenwärtig und wirksam wird (adest et operatur) in der konkreten Besonderheit und Verschiedenheit der Personen, Gruppen, Zeiten und Orte. Unter diesen vielfältigen Ausdrucksformen der Heilsgegenwart der einzigen Kirche Christi finden sich seit der apostolischen Zeit jene, die in sich selbst Kirchen sind, da in ihnen, unbeschadet ihrer Besonderheit, die universale Kirche mit all ihren Wesenselementen gegenwärtig wird."* Mich stört dieses Wort *„unter* diesen vielfältigen..."; denn die Einzelkirchen sind nicht Vergegenwärtigungen der Universalkirche „unter anderen", sondern ihre genuinen und authentischen Verwirklichungsformen, die natürlich in sich differenziert sind in verschiedenen „Personen und Gruppen". Einzelne Personen und Gruppen sind eben nicht von sich her, sondern nur als konkrete Gestalt von Einzelkirche auch Verwirklichung von Universalkirche.

In Nr. 8 wird dann der Begriff Communio, der im ersten Teil als die glaubende Gemeinschaft mit Gott und der Glaubenden untereinander erläutert wird, in *analoger* Weise auf die Vereinigung der Einzelkirchen bezogen, so daß die Universalkirche als „Gemeinschaft von Kirchen" (communio ecclesiarum) bezeichnet werden kann. Warum in „*analoger*" Weise? In der zitierten Stelle LG 23,2 wird schlicht gesagt, daß der „ganze mystische Leib" der „Leib der Kirchen" (corpus ecclesiarum) *ist*; und auch der paulinische Koinonia-Begriff enthält zwar verschiedene Bedeutungsgehalte, ohne daß aber deswegen das Verhältnis der verschiedenen Ortskirchen zur Jerusalemer Urgemeinde und untereinander als „analoges" Koinonia-Verständnis dargestellt wird. Im ganzen Duktus des Dokuments hat das Wort „analog" in bezug auf die „Communio ecclesiarum" irgendwie den Beigeschmack des Sekundären, des Abgeleiteten, was aber so in den Quellen keinen Anhalt hat. Dieser Eindruck mag daher rühren, daß das erkenntnisleitende Interesse dieser Nr. 8 vor allem in der Abwehr von Theorien liegt, die das theologische Gewicht der Universalkirche abschwächen; jetzt aber umgekehrt den theologischen Charakter der Einzelkirchen zu mindern, bringt die Sache auch nicht weiter.

a) Ein „*ontologischer und zeitlicher*" Vorrang der Universalkirche?

Der eigentliche Stein des Anstoßes liegt aber erst in der Nr. 9 des Textes. Nachdem zunächst zutreffend gesagt wird, daß Universalkirche und Einzelkirchen zueinander in einer „gegenseitigen Innerlichkeit" (mutua interioritas) stehen, was an unser oben genanntes Prinzip der „Gleichursprünglichkeit" erinnert, wird dann auf einmal behauptet, daß die Universalkirche „im Eigentlichen ihres Geheimnisses eine jeder *einzelnen* Teilkirche *ontologisch* und *zeitlich* vorausliegende Wirklichkeit" sei. Das wird damit begründet, daß das Geheimnis der Kirche ontologisch schon der Schöpfung vorausgehe – was im Sinn der Teilhabe der Kirche an der „Zielursächlichkeit" Jesu Christi für die Schöpfung ja durchaus zutrifft (vgl. Kol 1,15-20). Aber dann wird aus diesem theologischen Ziel-Charakter der Kirche unvermittelt ein *Ursprungsverhältnis* der einen und einzigen Kirche gegenüber den vielen Kirchen abgeleitet: „Sie gebiert die Teilkirchen gleichsam als Töchter; sie bringt sich in ihnen zum Ausdruck, ist Muter und nicht Produkt der Teilkirchen". In der *Zeit* sei dies am Pfingsttag öffentlich in Erscheinung getreten, insofern die Gemeinschaft der Hundertzwanzig um Maria und die Apostel die eine und einzige Kirche darstelle, aus der dann die verschiedenen Ortskirchen hervorgegangen seien. Dieser Gedankengang gipfelt in dem Satz: *„Da sie in und aus der Universalkirche geboren werden, haben sie ihre Kirchlichkeit in ihr und aus ihr. Daher ist die Formel des 2. Vatikanischen Konzils: ,die Kirche in und aus den Kirchen' untrennbar verbunden mit dieser anderen: ,die Kirchen in und aus der Kirche'. Der Geheimnischarakter dieser Beziehung zwischen Gesamtkirche und Teilkirchen, die keinen Vergleich verträgt mit jener zwischen dem Ganzen und den Teilen in gleichwelcher menschlichen Gruppe oder Gesellschaft, ist offensichtlich."*

b) Auseinandersetzung

Diese argumentative Verbindung von *schöpfungs- und gnadentheologischer* Priorität der Kirche als Mysterium einerseits und den *ekklesiologischen* Ursprungsbeziehungen zwischen Universalkirche und Einzelkirchen andererseits ist mir so nicht einsichtig; denn das zweite folgt aus dem ersten mitnichten. Auch als *Mysterium* ist die Kirche immer schon, sowohl als Zielursache des allgemeinen Heilswillens Gottes wie auch als in der Geschichte realisierte Größe, Einheit *in* der Vielheit und nicht Einheit *vor* der Vielheit. Diese von allem Ursprung an dialektische „gegenseitige Innerlichkeit" von Einheit und Vielheit, konkret: von Universalkirche und Einzelkirchen, verdankt die Kirche letztlich ihrem trinitätstheologischen Ursprung; denn in Gott ist die Einheit der göttlichen Natur eben nur *in* der Dreiheit der Personen (und nicht *vor* ihnen) verwirklicht und wird auch nur so in die Schöpfung hinein wirksam. Darum tritt am Pfingsttag in Jerusalem die Kirche zugleich als Universalkirche *und* als konkrete Einzelkirche in Erscheinung. Daß sie zunächst nur in *einer* Ortskirche – und erst im weiteren geschichtlichen Prozeß in *vielen* Ortskirchen – erscheint, begründet darum in keiner Weise einen theologischen und geschichtlichen Vorrang der Universalkirche vor den Einzelkirchen, sondern nur den theologischen und geschichtlichen Vorrang der Jerusalemer Urgemeinde vor den anderen Ortskirchen.

Im übrigen erinnern der Gedankengang und die Sprache des Dokumentes sehr an die Ekklesiologie Leos d. Großen im 5. Jahrhundert und an die Gregors VII. und der gregorianischen Reform im 11. Jahrhundert, die – bei allem Guten, was sie der Kirche gebracht haben – eben doch auch am Anfang des einseitig jurisdiktionell und zentralistisch geprägten Kirchenbildes des 2. Jahrtausends stehen. Das Schreiben der Glaubenskongregation übernimmt einige zentrale Prädikationen, die Leo und Gregor der *römischen* Kirche gegenüber den anderen Ortskirchen zugesprochen hatten, und überträgt sie auf die Universalkirche: nämlich daß sie Mutter, Haupt, Angelpunkt, Quelle, Urspung und Fundament der Kirchen sei. Wenn in diesem Zusammenhang dann die Nr. 12 des Schreibens noch ausdrücklich diese Tradition aufgreift und behauptet, daß die Idee vom corpus ecclesiarum *„verlangt,* daß eine Kirche das Haupt der Kirchen ist – dies ist eben die Kirche von Rom, die der ‚universalen Gemeinschaft der Liebe vorsteht'" usw. –, dann muß sich unweigerlich der Eindruck aufdrängen: Hier feiert die päpstliche Jurisdiktionsekklesiologie des Mittelalters fröhliche Urständ. Die Etikettierung dieser Ekklesiologie mit dem Wort Communio wirkt dann ausgesprochen verschleiernd und irreführend. Denn wenn einerseits die Universalkirche Mutter und Ursprung der Einzelkirchen sein soll (Nr. 9), andererseits die römische Kirche als Haupt der Kirchen bezeichnet wird (Nr. 12), die durch den Nachfolger Petri als dem „immerwährenden sichtbaren Prinzip und Fundament für die Einheit des Episkopates sowie für die Einheit der ganzen Kirche" (Nr. 12, mit Verweis auf LG 23) eben die Einheit der Universalkirche und der Einzelkirchen begründet, dann ist der Schritt zur neuerlichen Behauptung eines einseitig-vorgängigen Verhältnisses der römischen Kirche zu den anderen Einzelkirchen nicht mehr weit.

Um das wechselseitige, gleichursprüngliche Verhältnis zwischen Universalkirche und Einzelkirchen hinsichtlich des *beiderseitigen* Kirche-Seins zu wahren, sollte man darum füglich auf jede Behauptung einer vorrangigen Ursprungsbeziehung verzichten. Die Universalkirche ist weder „Produkt" noch „Mutter" der Einzelkirchen, genausowenig wie die Communio der Einzelkirchen als Urheberin oder als Ergebnis („Töchter") der Universalkirche angesehen werden kann. Beide Vollzugsweisen von Kirche realisieren sich nur miteinander und ineinander; keine setzt die andere ursprunghaft „aus" sich heraus. Darum kann die Konzilsformel: „Die Universalkirche existiert *in* und *aus* den Einzelkirchen" (LG 23) nicht ergänzt werden durch die im Schreiben genannte Formel: „Die Einzelkirchen existieren in und aus der Universalkirche". Das „in" hat zwar beide Male den gleichen Sinn (eben als „gegenseitige Innerlichkeit"); aber das *„aus"* meint jeweils etwas ganz anderes: In der Konzilsformel geht es darum, daß die eine und ganze Kirche „in und aus" ihren vielen einzelnen „Teilen" *besteht*. In der Formel des Schreibens dagegen wird insinuiert, daß die Einzelkirchen „aus" der Universalkirche heraus *entspringen* (und darum notwendig sekundär sind). Dem muß aber entschieden widersprochen werden, weil eine solche Begriffsvermischung unzulässig ist.

Beide Vollzugsweisen von Kirche haben „gleichursprünglich" ihren geschichtstranszendenten Ursprung im Heilswillen des dreifaltigen Gottes und ihren innergeschichtlichen Ursprung in der Sammlung des Volkes Gottes in Jerusalem durch die Herabkunft des Heiligen

Geistes. Diese theologisch und geschichtlich einmalige Rolle Jerusalems darf niemals – auch nur andeutungsweise – mit der Rolle Roms innerhalb der Communio verwechselt werden; dieser kirchenpolitisch motivierte Irrweg der mittelalterlichen Ekklesiologie ist durch das 2. Vatikanische Konzil definitiv ausgeschlossen worden. Wird jetzt dennoch wieder Ekklesiologie im Dienst einer zentralistischen Kirchenpolitik getrieben?

3. Ein vatikanischer Kommentar (1993)

Vieles von dem eben Gesagten, das vermutlich in solcher oder ähnlicher Weise recht massiv als Reaktion aus den Ortskirchen nach Rom zurückgemeldet wurde, würde sich erübrigen, *wenn* der (ungezeichnete) Kommentar, den der „Osservatore Romano" am 23. 6. 1993 zum Jahrestag des Communio-Dokumentes herausbrachte, eine Art „Retractatio" wäre.[60] Das aber ist keineswegs sicher, auch wenn einige *Klarstellungen* erfolgen, die die von uns kritisierten Behauptungen doch sehr relativieren oder gar verändern.

So wird zunächt in erfreulicher Deutlichkeit das Wort von der „gegenseitigen Innerlichkeit" als „hermeneutischer Schlüsselbegriff" (407) für das ganze Schreiben hervorgehoben, wodurch gerade die Einzigartigkeit und Unvergleichbarkeit des Verhältnisses zwischen Universalkirche und Einzelkirchen betont werden soll. Voll zustimmen kann man darum auch der ersten Konsequenz dieses hermeneutischen Ansatzes: „Jede Teilkirche ist tatsächlich Kirche, wenn auch nicht die ganze Kirche; gleichzeitig unterscheidet sich die Gesamtkirche nicht von der Gemeinschaft der Teilkirchen, ohne jedoch deshalb nur deren Zusammenschluß zu sein" (ebd.).

Allerdings wird meine Skepsis neu geweckt, wenn es dann heißt, das Schreiben habe mit seiner Formel: „die Kirchen in und aus der Kirche" die konziliare Formel: „die

Kirche in und aus den Kirchen" *weiterentwickeln* wollen. Sie scheint mir auch jetzt noch ein eindeutiger *Rückschritt* zu sein und sollte deshalb tunlichst vermieden werden.

Wie erklärt der Kommentar nun diese Formel gegenüber den kritischen Anfragen, die sie hervorgerufen hat? Zuerst wird noch einmal an das erkenntnisleitende Interesse des Schreibens erinnert: nämlich einer theologischen Abwertung der Universalkirche zu einem nachträglichen Ergebnis und Produkt „aus" den Einzelkirchen entgegenzutreten. Darauf kommt es dem Schreiben vor allem an, und darin ist ihm ganz zuzustimmen.

In einem weiteren Schritt versucht der Kommentar dann aber doch, die Behauptung von dem ontologischen und zeitlichen Vorrang der Universalkirche „vor jeder einzelnen Teilkirche" zu verteidigen. Er weist darauf hin, daß die Formulierung genau gelesen ja nur den Vorrang vor jeder *einzelnen* Teilkirche behauptet, aber nicht vor der Gemeinschaft aller Kirchen. Wenn wirklich nur das gemeint gewesen sein soll, was m.E. durch die weiteren Ausführungen der Nr. 9 des Dokumentes keineswegs belegt ist, dann beinhaltet der Satz eine Selbstverständlichkeit. Denn die Universalkirche als solche ist per definitionem mehr als jede Einzelkirche *in sich* betrachtet.

Für die behauptete „ontologische Priorität" der Universalkirche beruft sich der Kommentar auf die Theologie des Kolosser- und des Epheserbriefes, in denen in der Tat nur von der Universalkirche die Rede ist. Daß die Ekklesiologie der Apostelgeschichte und des Paulus (in seinen Briefen an die Römer, die Korinther, die Galater und die Philipper, in denen das wechselseitige Verhältnis von Universalkirche und Ortskirchen bereits deutlich wird), weniger berücksichtigt wurde, mag vom leitenden Interesse des Schreibens herrühren.

Der „ontologische und zeitliche Vorrang" wird nun mit einer interessanten und anregenden Überlegung begründet:

„Die Kirche, die sich als vorrangig bezeichnet, ist sicher das am Pfingsttag offenbar gewordene ‚Kirche-Geheimnis', die ‚eine und einzige Kirche'. Diese Kirche von Jerusalem, die ‚örtlich bedingt' auftrat, war jedoch keine Ortskirche (oder Teilkirche) in dem Sinn, der heute diesem Begriff beigemessen wird; sie war also nicht eine ‚portio Populi Dei' (ein Teil des Volkes Gottes, vgl. Dekret ‚Christus Dominus', Nr. 11), eine ‚einzige Teilkirche', wie es in unserem Schreiben heißt, sondern ‚Populus Dei' (Volk Gottes), war ‚ecclesia universalis' (Gesamtkirche), war die Kirche, die alle Sprachen spricht und in diesem Sinn Mutter aller Teilkirchen ist, die dank den Aposteln wie Töchter aus ihr hervorgehen...

Die Gesamtkirche, von der dort die Rede ist, ist die Kirche von Jerusalem, die Kirche des Pfingstereignisses. Es gibt nun nichts Konkreteres und örtlich Genaueres als die dort versammelten 120 Personen. Die einmalige Originalität und das Geheimnis der Hundertzwanzig liegt in der Tatsache, daß die kirchliche Struktur, die sie zur Kirche macht, die der Gesamtkirche ist: Da sind die zwölf Apostel mit Petrus, ihrem Haupt, und in Gemeinschaft mit ihnen finden wir die ganze Kirche, die im Wachsen begriffen ist – zunächst sind es 5000 Personen – und alle Sprachen spricht, in einem Augenblick der Einheit und der Universalität der Kirche, die gleichzeitig durchaus örtlich, jedoch als pfingstliche Kirche keineswegs eine ‚einzelne Ortskirche' im heutigen Sinn dieses Begriffes ist. Zu Pfingsten gibt es keine ‚gegenseitige Innerlichkeit' von Gesamtkirche und Teilkirche, da diese beiden Dimensionen sich noch nicht voneinander unterscheiden. Es liegt das christologische ‚ephapax' (vgl. Heb 7,27) vor, die eschatologische Vorwegnahme der Kirche des mystischen Leibes Christi als solchen...

Die Kirche, die sich trotz ihrer unwiederholbaren Einmaligkeit zu Pfingsten kundtut, ist nämlich ganz einfach die Kirche Christi, die wir mit ihren vier Eigenschaften im Credo bekennen, und die deshalb zu allen Zeiten der Ur-

grund der Gesamtkirche – im Sinn der ‚Communio eccle-
siarum' (Gemeinschaft der Kirchen) – und der Teilkirchen
bleibt, wie sie im ‚tempus ecclesiae', in der Zeit der Kir-
che, bestehen" (407f).

Einer solchen Sicht von Kirche kann ich weithin zustimmen: Der behauptete „Vorrang" gebührt allein dem
„Mysterium" Kirche, die als die eine, heilige, katholische
und apostolische Kirche Christi sich innergeschichtlich
auf ursprüngliche Weise realisiert in der Jerusalemer
Urgemeinde, und zwar als Universalkirche und Ortskirche (in einem besonderen Sinn) zugleich: Die Jerusalemer
Ortskirche *ist* die Universalkirche und umgekehrt. Aus
ihr gehen die geschichtlich sich weiterentwickelnde Gestalt der Gesamtkirche (als Gemeinschaft von Kirchen)
und die einzelnen Kirchen hervor. Damit ist die „Gleichursprünglichkeit" von (geschichtlich existierender) Universalkirche und den Einzelkirchen im *Mysterium* Kirche
und in seiner einmaligen, beide Kirche-Gestalten aus sich
entspringen lassenden *Realisierung* in der Gemeinde von
Jerusalem ausgesagt. *Diese* ist der bleibende „Urgrund"
(408) der geschichtlichen Universalkirche und der Einzelkirchen.

Ob diese Deutung des Verhältnisses zwischen Universalkirche und Einzelkirchen nur eine bessere Erläuterung
der im Dokument dargestellten Position ist oder doch eine
davon etwas verschiedene Theorie, mag jeder Leser für
sich entscheiden. Jedenfalls wird jetzt keine innerge-
schichtliche, über Jerusalem hinausgehende Ursprungsbeziehung zwischen Universalkirche und Einzelkirchen behauptet, womit eo ipso auch jeder daran geknüpfte
„Vorrang" der einen Kirche vor den vielen Kirchen hinfäl-
lig wird. Jerusalem bleibt Jerusalem; so kann auch Rom
bleiben, was es legitimerweise *innerhalb* der Communio
ecclesiarum seit den ersten Jahrhunderten war und bleiben soll: das wirksame „Zentrum der Einheit", nicht mehr
und nicht weniger.

3. Teil:

Perspektiven und Prognosen

In diesem dritten Teil geht es nun v.a. darum, konkrete Wege aufzuzeigen, die deutlich machen, wie wir die gegenwärtige Situation der Kirche ohne Schönfärberei als *Chance* und *Herausforderung* begreifen können; eben als eine Situation, die uns von Gott „zu-gemutet" wird und die wir darum im Vertrauen auf seine Geistes-gegenwart keineswegs nur resignativ überstehen, sondern kreativ bewältigen sollen. Sehr viel hängt dabei von einer tief verwurzelten *spirituellen* Grundeinstellung zur Kirche ab (I.); nur auf einem solchen Fundament können *strukturelle* Überlegungen (II.) dazu beitragen, daß die Kirche zu einer neuen Sozialform findet, die sowohl die bleibende Kraft des Geistes in ihr bezeugt als auch den „Zeichen der Zeit" besser gerecht wird.

I. Die spirituelle Dimension der Kirche zurückgewinnen

Wir sahen in den beiden vorangegangenen Teilen, wie es in der gesellschaftlichen und kirchlichen Öffentlichkeit zu der weithin „entspiritualisierten" Sicht der Kirche als „Amtskirche" gekommen ist. Die Frage drängt sich auf: Wie läßt sich die spirituelle Dimension der Kirche wieder so in die reale Kirchenerfahrung gerade der aktiven Christen integrieren, daß die unlösbare Verbindung zwischen persönlichem Glaubensvollzug und kirchlicher Glaubensgemeinschaft anschaulich gelebt und erlebt werden kann?[61] Ohne eine *geistlich geprägte Erfahrung von Kir-*

che, die also auch in tiefe emotionale Schichten des Glaubens hineinreicht, die das „Phänomen" Kirche mit all seinen Schönheiten und Schatten in die glaubende, hoffende und liebende Beziehung des Menschen zu Gott hineinnimmt, bleiben wir bei allem Sprechen von und Handeln in der Kirche doch immer nur an der Oberfläche. Das aber kann auf Dauer keine heilende oder erneuernde Wirkung hervorrufen.

1. Modelle geistlicher Kirchenerfahrung

In einem ersten Schritt möchte ich einmal (idealtypisch) drei Modelle von Kirchenerfahrung vorstellen, die zwar in ganz verschiedenen Epochen der Glaubensgeschichte entstanden sind, die aber auch heute noch – sowohl in ihrer Gegensätzlichkeit als auch in ihrer Vermischung – den umgreifenden spirituellen Horizont für bestimmte Optionen hinsichtlich des konkreten kirchlichen Lebens und Handelns bilden. Ein besseres Verstehen dieser geistlichen Grundperspektiven kann vielleicht doch einer innerkirchlichen Verständigung dienen, indem es in allen konkreten Streitfragen die gemeinsame Liebe zur Kirche wahrzunehmen und anzuerkennen hilft.

a) Kirche als Identifikationsfigur

(1) Das bestimmende Kirchenbild:
Die „ecclesia" als „Frau" im Gegenüber zu Christus
In der Theologie der Kirchenväter, aber auch noch in der hochmittelalterlichen Mystik ist die Kirche bekanntlich nicht sosehr Gegenstand theologischer Reflexion oder Diskussion, sondern v.a. der geistlichen Meditation. Mit Hilfe der typologischen und allegorischen Schriftauslegung werden sehr viele alt- und neutestamentliche Bildworte auf die Kirche und ihr Verhältnis zu Jesus Christus gedeutet (z.B. das Bild vom Weinberg oder Weinstock, vom Schafstall,

von der Stadt auf dem Berg, von der Arche, vom Schiff im stürmischen Meer usw.).[62] Als Hauptsymbole dieser Meditationen über die Kirche sind jedoch neben dem eucharistisch gedeuteten Leib-Christi-Begriff schon sehr früh jene *personalen* Bezeichnungen in den Vordergrund getreten, die die Kirche, die „ecclesia", in irgendeiner Weise als Person, konkreter: als „Frau" verstehen, die in einer personalen Beziehung zu Gott bzw. zu Jesus Christus als ihrem männlichen Gegenüber steht. Angeregt vom alttestamentlichen Hohen Lied, von den Frauengestalten des Alten und Neuen Testaments, von den Prophetentexten über das Verhältnis Israels zu Jahwe und schließlich von bestimmten neutestamentlichen Stellen[63] wird die Kirche symbolisch personifiziert, d.h. als ein in die soziale Dimension ausgeweitetes Subjekt gedeutet, und zwar besonders als „Jungfrau", „Braut", „Gattin" und „Mutter".

„Jungfrau": das bedeutet die ungeteilte Glaubens- und Gehorsamsbereitschaft der Kirche gegenüber Gott, von dem sie – und darin zugleich alle zum Leben berufenen Schwestern und Brüder Jesu Christi – in der Kraft des Heiligen Geistes immer neu den „Sohn", also das Wort und die Gnade Gottes, empfängt. Als „Mutter" gebiert sie den „Sohn", sie bringt – gerade in den Sakramenten – Gottes menschgewordene Liebe immer neu zur Erscheinung in dieser Welt und läßt – als „zweite Eva", als „Mutter aller Lebenden" – die Glaubenden an diesem neuen Leben in Christus teilhaben. Als „Braut" und „Gattin" schließlich bleibt sie Christus in untrennbarer ehelicher Liebe, in der Einheit „eines Fleisches" (Eph 5,31f.) und „eines Geistes" (1 Kor 6,17) verbunden. Nicht nur die Kindschaft, sondern gerade auch die Ehe wird zum klassischen Symbol der Mystik für die Beziehung Gottes zur Menschheit, die sich im Verhältnis Christi zur Kirche konkretisiert.

Diese personale Einheit zwischen Christus und der Kirche hebt jedoch keineswegs die bleibende Unterschiedenheit zwischen ihnen auf; eine Identifizierung der Kirche mit Christus wird in dieser Symbolik bewußt ausgeschlossen. Im Gegenteil: Die Kirche kann sich sogar bis zur Treulosigkeit einer „Dirne" verlieren (analog zu Israels Untreue gegenüber Jahwe; vgl. Hos 2,4-3,5; 9,1f.). Allerdings bleibt sie in aller Sünde und allem Verrat zugleich doch immer die „keusche Dirne" (casta meretrix), weil Christus sie mit unzerstörbarer Liebe liebt und heiligt (nach Eph 5,25ff.).[64] Im Unterschied zu Israel kann das Geheimnis der Kirche durch menschliche Schuld zwar bis zur Unansehnlichkeit verdunkelt, aber nicht mehr zerstört werden; das Volk Gottes kann durch die in seiner Mitte, in Christus, bleibend angenommene Liebe Gottes nicht mehr zum „Nicht-Volk" (Hos 1,9) werden.

Soweit zur Deutung dieser Symbolik, die von Patristik und Mystik in unendlich vielen Variationen ausgebreitet wird. Auch z.B. das Musical „Franz von Assisi" (von Peter Janssens und Wilhelm Willms) enthält eine eindrucksvolle Szene, in der Franziskus vor Papst Innozenz III. sein Liebeslied auf die untreu gewordene „Ecclesia" singt. Insgesamt aber dürfte der jüngeren Generation der Zugang zu dieser Kirchenspiritualität ziemlich schwerfallen. Für die mittlere und die ältere Generation, soweit sie von den vorkonziliaren, bis zu Beginn der 60er Jahre reichenden Aufbruchbewegungen unseres Jahrhunderts (Jugendbewegung, Liturgische Bewegung, Bibelbewegung u.ä.) geprägt wurden, ist sie jedoch ein ganz entscheidender Wurzelboden für ihr geistliches und emotionales Verhältnis zur Kirche. Zumal: Viele der großen theologischen Gestalten unseres Jahrhunderts (besonders des französischen Sprachraums), die die konziliare Erneuerung der Kirche vorbereitet und inspiriert haben, lebten spirituell und theologisch weithin von der Wiederentdeckung der Patristik und ihres Kirchenbilds, das eben die *personale* „ecclesia" und die *soziale* „communio" miteinander verbinden konnte (also z.B. Henri de Lubac, Jean Daniélou, Pierre Teilhard de Chardin, Louis Bouyer, Yves Congar, Piere-Thomas Camelot, Romano Guardini, Hugo und Karl Rahner, Hans Urs v. Balthasar, Joseph Ratzinger u.a.). Ein schönes Beispiel dieser mystischen Kirchenerfahrung bietet Karl Rahner am Schluß seines Artikels „Kirche der Sünder", den er 1947 geschrieben hat und in dem er Joh 8,1-11 typologisch auf die Kirche überträgt:

„*Die Schriftgelehrten und Pharisäer – es gibt solche ja nicht nur in der Kirche, sondern überall und in allen Verkleidungen – werden immer wieder ,die Frau' vor den Herrn schleppen und sie mit dem geheimen Hochgefühl, daß ,die Frau' – Gott sei Dank – doch auch nicht besser ist als sie selbst, anklagen: ,Herr, diese Frau ist beim Ehebruch auf frischer Tat ertappt worden. Was sagst du dazu?' Und die Frau wird es nicht leugnen können. Nein, es ist ein Ärgernis. Und es gibt nichts zu beschönigen. Sie denkt an ihre Sünden, weil sie sie wirklich begangen hat, und sie vergißt darüber (wie könnte die demütige Magd anders?) die verborgene und die offenbare Herrlichkeit ihrer Heiligkeit. Und so will sie nicht leugnen. Sie ist die arme Kirche der Sünder. Ihre Demut, ohne die sie nicht heilig wäre, weiß nur von ihrer Schuld. Und sie steht vor dem, dem sie angetraut ist, vor dem, der sie geliebt und sich für sie dahingegeben hat, um sie zu heiligen, vor dem, der ihre Sünde besser kennt als ihre Ankläger. Er aber schweigt. Er schreibt ihre Sünde in den Sand der Weltgeschichte, die bald ausgelöscht sein wird und ihre Schuld mit ihr. Er schweigt eine kleine Weile, die uns Jahrtausende scheint. Und er verurteilt diese Frau nur durch das Schweigen seiner Liebe, die begnadet und freispricht. In allen Jahrhunderten stehen neue Ankläger neben ,dieser Frau' und schleichen immer wieder davon, einer nach dem andern, von den Ältesten angefangen; denn es fand sich nie einer, der selbst ohne Sünde war. Und am Ende wird der Herr mit der Frau allein sein. Und dann wird er sich aufrichten und die Buhlerin, seine Braut anblicken und sie fragen: ,Frau, wo sind sie, die dich anklagten? Hat keiner dich verurteilt?' Und sie wird antworten in unsagbarer Reue und Demut: ,Keiner, Herr.' Und sie wird ver-*

wundert sein und fast bestürzt, daß keiner es getan hat.
Der Herr aber wird ihr entgegengehen und sagen: ,So will
auch ich dich nicht verurteilen.' Er wird ihre Stirn küssen
und sprechen: ,Meine Braut, heilige Kirche'".[65]

(2) Das geistliche Leitmotiv:
Identifikation mit der Kirche

Das leitende existentielle und geistliche Interesse dieses Kirchenbildes zielt auf die möglichst ganzheitliche
Identifikation mit der Kirche. Kirche wird eben v.a. in ihrer die Sündigkeit „aufhebenden" Heiligkeit geschaut, wie
sie lebt aus dem Geheimnis der Liebe Christi zu ihr. Unsere Liebe zur Kirche und unsere Freude an ihr werden von
der Liebe Christi getragen; sie macht es möglich, daß sich
der einzelne ganz mit der Kirche identifizieren kann, daß
er in ihr erst seine eigene gläubige Identität finden kann
als „anima ecclesiastica" (Origenes), als in die „Form" der
Kirche, dem personalen Gegenüber zu Christus, eingefüg-
ter Mensch. Er bekommt teil an der Personalität der Kirche und wird dadurch selbst Person im Glauben.[66] Eine
solche personal geprägte Kirchenfrömmigkeit beflügelt
und inspiriert auch heute noch viele Menschen (gerade in
Ordensgemeinschaften und geistlichen Bewegungen), die
von daher auch bereit sind, für die Kirche und den Einsatz
in ihr alles daranzugeben; die sich durch keine Schwächen
und Verirrungen der Kirche letztlich in ihrer Liebe zu ihr
verunsichern lassen. Der große Vorteil dieser Sicht von
Kirche liegt zweifellos in einer auch emotional verwurzelten Beziehung zur Kirche, die sich zuweilen recht wohltu-
end von dem heute weithin üblichen, stark soziologisch-
strategisch geprägten Sprechen über die Kirche abhebt.

(3) Die Gefahr:
Spiritualisierung der strukturellen Wirklichkeit

Bei allem mystischen Reichtum dieses Kirchenbilds
kann doch die Gefahr nicht geleugnet werden, daß hier
leicht die konkret erfahrbare Realität der Kirche spirituell

übergangen und zugunsten ihres „Mysteriums", das alles andere überstrahlt, als zweitrangig abgewertet wird. Das kritische Einfordern von Veränderungen überholter kirchlicher Strukturen und Verhaltensweisen wird von solcher Spiritualität gern als äußerlich, unwesentlich und „unfromm" abgetan. Dahinter wird vielleicht eine Art „ekklesiologischer Monophysitismus" stehen, der das Menschliche und Allzumenschliche in der Kirche so sehr von dem in ihr wirkenden Geist Gottes „aufsaugen" läßt, daß es faktisch für die geistliche Kirchenerfahrung keine Rolle mehr spielt.[67] Der tiefgreifende Unterschied im Glaubensbekenntnis zwischen dem „credo in Deum" (ich glaube *an* Gott) und dem „credo ecclesiam" (ich glaube *die* Kirche, d.h. ich glaube an die wirkende Gegenwart des Geistes Gottes in der Kirche) gilt dieser Spiritualität weniger als die Teilhabe der Kirche an der Heiligkeit und Herrlichkeit Christi, die sie fast ungebrochen widerspiegelt.

Daß eine solche Spiritualisierung auch ausgesprochen konfliktträchtig ist, zeigt sich heute besonders dann, wenn diese Symbolsprache nicht bloß von der Realität der Kirche „abgehoben", sondern, umgekehrt, methodisch unvermittelt (also ohne Berücksichtigung z.B. ihrer sozialgeschichtlichen Abhängigkeit) in die kirchlich-strukturelle Wirklichkeit übersetzt und von daher u.a. etwa begründet werden soll, daß Frauen nicht geweihte Amtsträger sein können. Denn in der Frau stelle sich eben die empfangende Kirche im Gegenüber zum gebenden Christus dar; und diese Symbolik werde zerstört, wenn die Frau als Amtsträger „in persona Christi capitis" handeln würde.

Ob diese Argumentation sehr überzeugend ist oder nicht, mag dahingestellt bleiben; jedenfalls entspricht diesem Kirchenbild der empfangenden (und darum auch primär gehorchenden) Frau in der Regel auch ein Gottes- und Christusbild, das einseitig von männlich-"herr"lichen Analogien her bestimmt ist: Vater, Allmächtiger, Schöpfer und Herrscher des Himmels und der Erde; bzw. Kyrios-Herr, Sohn, König, Haupt, Richter. Auch wenn die

alte Symbolsprache es von ihrem ursprünglichen Sinngehalt her nicht intendierte, hat sie in der Kirchengeschichte
faktisch bis heute zu der strukturellen Minderbewertung
der Frau beigetragen, die als „empfangende" ganz dem
„aktiv-gebenden" Mann untergeordnet und auf ihn hinge-
ordnet wird (vgl. schon Eph 5,22-33; 1 Kor 11,3.7-9 u.a.).
Wenn sich die Ecclesia-Symbolik von solchen Merkmalen
eines androzentrischen Gottes-, Gesellschafts- und Men-
schenbilds freimachen könnte und das Bild der Ehe primär
mit dem Bild der Freundschaft („Nicht mehr Knechte
nenne ich euch, sondern Freunde", vgl. Joh 15,15) verbinden würde, dann könnte diese Symbolik auch heute noch
unsere Kirchenspiritualität sehr bereichern (z.B. Kirche als
„Freundin", als „Schwester", als „Weggefährtin" u.ä.).

Soweit zu diesem ersten Modell einer geistlichen Kirchenerfahrung. Was die gegenwärtige spirituelle und
ekklesiologische „Landschaft" in unserer Kirche so
schwierig macht, ist die eigenartige Verbindung, die dieses
Kirchenbild heute gerade bei führenden Amtsträgern der
Kirche mit dem zweiten hier vorzustellenden Typos ein-
geht, und weniger – wie es von seinem patristischen Ursprung her eigentlich näherläge – mit dem dritten.

b) Kirche als Zufluchtsort

In den spätmittelalterlichen Streitigkeiten zwischen
Kaiser und Papst ging die bislang selbstverständliche Erfahrung der Kirche als des Mysteriums der liebenden Beziehung zu Jesus Christus für immer mehr Gläubige verloren. Struktur- und Machtfragen führten zu einem
Auseinanderdriften von geistlich-mystischer und dogma-
tisch-strukturell-rechtlicher Sicht der Kirche, worunter
wir bis heute leiden. Als sich dies in der Reformation auch
in einem Zerbrechen der realen kirchlichen Einheit aus-
wirkte und zur theologischen Trennung zwischen dem ge-
glaubten Wesen der Kirche und ihrer empirisch erfahrbaren Gestalt führte, bildete sich von der Gegenreformation

an eine neue katholische Kirchenfrömmigkeit aus, die v.a. die institutionelle Seite der Kirche spirituell einzuholen versuchte. Erst das 2. Vatikanische Konzil konnte die Einseitigkeiten dieses Kirchenbilds tiefgreifend relativieren; jedoch zeigen viele harte nachkonziliare Auseinandersetzungen sehr deutlich, daß es seinen Einfluß auf kirchliches Denken und Handeln wieder erheblich verstärkt.

(1) Das bestimmende Kirchenbild:
Die Kirche als autarke Heilsvermittlerin

In dieser Kirchenerfahrung rückt die hierarchisch-sakramentale Struktur der Kirche in den Vordergrund: Die Kirche wird geschätzt und verehrt als die vollkommene „Heilsanstalt" (societas perfecta), die von Gott mit allen notwendigen „Heilsmitteln" (also besonders ihren Ämtern und Sakramenten) ausgestattet wurde. Eine klare, defensive Absetzung von der neuzeitlichen, weithin als heillos betrachteten Geschichte und von den modernen demokratischen Gesellschaften, aber auch von den anderen, als defiziente Weisen des Christseins eingestuften Konfessionen bestimmte den realen Kurs der katholischen Kirche seit Beginn der Neuzeit: Die von Christus gestiftete, festgefügte, in sich geschlossene und autarke katholische Kirche vermittelt ihren Mitgliedern durch die Hierarchie das übernatürliche Heil.

In der Abgrenzung von den neuzeitlichen Nationalstaaten übernimmt die Kirche jedoch für sich selbst auf vergleichbare Weise deren Selbstverständnis als souveräne Gesellschaft, wobei allerdings nicht das Volk das letzte Subjekt dieser Souveränität ist, sondern der Papst und die in ihm gipfelnde Hierarchie. Deswegen entspricht der dualistischen Sicht der Außenbeziehung „katholische Kirche – neuzeitliche Welt" innerkirchlich eine starke theologische und faktische Unterscheidung zwischen Klerus und Laien. Den letzteren obliegt v.a. das gehorsame Entgegennehmen der vom kirchlichen Amt verwalteten Vorgabe des Heils und deren – wiederum vom Amt geleitetes – Umsetzung in den verschiedensten weltlichen Lebensbereichen.

(2) Das geistliche Leitmotiv:
Integration durch Geborgenheit und Gehorsam

Das besondere existentielle Interesse dieser Sicht von Kirche liegt in der Integration: Die Kirche soll v.a. Einheit, Sicherheit, Geborgenheit bieten. Inmitten der sündigen Wirren und der verunsichernden Vielfalt der neuzeitlich-pluralen Gesellschaft wird die Kirche – bildlich gesprochen – als eine „feste Burg", als ein „Haus voll Glorie", als „Fels in der Brandung", als „Zeichen des Ewigen" gewünscht und gesucht. Sie soll angesichts der flüchtigen und feindlichen Welt die Unvergänglichkeit, Stärke und Macht Gottes widerspiegeln. Dazu braucht sie feste Strukturen und Rechtsnormen, eine straffe Ordnung, klare Gehorsamsverhältnisse und eine weitgehende Uniformität im kirchlichen Leben. Das Gottesbild, das sich häufig damit verbindet, sieht eben Gott – in der Sprache der Psalmen – besonders als „schützenden Fels, eine feste Burg, die mich rettet" (Ps 31, 71), als „Schild und sicheres Heil, meine Zuflucht" (Ps 18), oder auch als den allmächtigen, alles regierenden und lenkenden Vater.

Die hervorgehobenen Symbolgestalten dieser Kirchenfrömmigkeit sind Maria und der Papst: Maria wird als zufluchtgewährende Mutter Gottes, Mutter der Gläubigen und „Mutter der Kirche" angerufen; es besteht vielfach die Tendenz, sie noch über die Kirche zu stellen, statt sie als deren „heilen Kern" (H. U. v. Balthasar) oder als ihr „Urbild" (O. Semmelroth) in die Kirche zu integrieren. Der Papst wird in ähnlich kindlicher Zuneigung als „heiliger Vater", d.h. als Gleichnis der göttlichen Hirtensorge und seiner schützenden Macht, verehrt.

Als Beispiel für diese geistliche Kirchenerfahrung sei ein literarisch und spirituell hochstehender Text aus den „Hymnen an die Kirche" von der katholischen Dichterin Gertrud von Le Fort aus dem Jahr 1924 angeführt. Als Kind einer reformierten Hugenottenfamilie 1876 geboren und als Schülerin von Ernst Troeltsch im liberalen Protestantismus aufgewachsen, konvertierte sie 1925 in Rom zur katholischen Kirche. Bereits ein Jahr zuvor waren ihre „Hymnen an die Kirche" erschienen, in denen sich in einer von den Psalmen und von Nietzsches „Zarathustra" inspirierten Sprache ihre Faszination durch die überirdisch-ewige Gestalt v.a. der römischen Kirche angesichts des alles relativierenden neuzeitlichen Historismus ausdrückte. Diese Hymnen manifestieren und prägen zweifellos das Kirchenbewußtsein starker innerkatholischer Strömungen bis in die frühen 60er Jahre hinein, und sie gehören wohl noch immer zu den bewegendsten geistlichen Texten über die Kirche. Wir haben die 4. Hymne aus dem 2. Teil („Heiligkeit der Kirche") ausgewählt:[68]

„Deine Diener tragen Gewänder, die nicht alt werden, und deine Sprache ist wie das Erz deiner Glocken.

Deine Gebete sind wie tausendjährige Eichen, und deine Psalmen haben den Atem der Meere.

Deine Lehre ist wie eine Feste auf uneinnehmbaren Bergen.

Wenn du Gelübde annimmst, so hallen sie bis ans Ende der Zeiten, und wenn du segnest, baust du Häuser im Himmel.

Deine Weihen sind wie große Zeichen von Feuer auf den Stirnen, niemand kann sie auslöschen.

Denn das Maß deiner Treue ist nicht Menschentreue, und das Maß deiner Jahre faßt keinen Herbst.

Du bist wie eine beständige Flamme über wirbelnder Asche!

Du bist wie ein Turm inmitten reißender Wasser!

Darum schweigst du so tief, wenn die Tage lärmen, denn am Abend fallen sie dennoch an dein Erbarmen:

Du bist's, die über allen Grüften betet! Wo heute ein Garten blüht, da ist morgen eine Wildnis, und wo früh ein Volk wohnt, da haust bei Nacht das Verderben –

Du bist das einzige Zeichen des Ew'gen über dieser Erde: alles, was du nicht verwandelst, überwandelt der Tod!"

Seine Stärke zeigt dieses Kirchenbild v.a. in Situationen der gesellschaftlichen Minderheit oder der politischen Verfolgung durch kirchenfeindliche Regime: Es eint die Gläubigen zu einer geschlossenen, relativ homogenen Eigenkultur und wahrt so das, was man die traditionelle „Glaubenssubstanz" nennt, gegenüber „Aufweichungen" von außen, wie etwa in der katholischen Kirche Deutschlands während des Kulturkampfs unter Bismarck und teilweise auch während der nationalsozialistischen Diktatur, oder in großen Teilen der osteuropäischen Kirche in den über 40 Jahre lang kommunistisch regierten Ländern. Es ist *das* Kirchenbild der „katholischen Milieus", die seit der ersten Hälfte des vorigen Jahrhunderts einen vor den Anfragen der Aufklärung schützenden Eigenraum katholischen Glaubenslebens boten, sich aber seit Mitte der 60er Jahre unaufhaltsam auflösen (s.o.), seit 1989 offensichtlich auch in Osteuropa.

(3) Die Gefahr:
Dialogunfähigkeit gegenüber der Kultur der Moderne
Ohne diesen entsprechenden sozialen Kontext zeigt sich heute v.a. die Schwäche dieser Spiritualität sehr deutlich: In einer pluralistischen und weitgehend säkularisierten Gesellschaft führt sie unweigerlich zu einem Abbruch des ernstgemeinten, also auch selbst lern- und veränderungsfähigen Dialogs mit anderen weltanschaulichen Gruppierungen, mit anderen Religionen und mit anderen christlichen Kirchen. Sie trägt dazu bei, die Kirche in ein gesellschaftliches Ghetto einzuschließen und sich von den neuzeitlichen, fast ausschließlich negativ beurteilten Entwicklungen immer mehr abzukoppeln. Der konziliare Neuaufbruch der Kirche, die sich seitdem als „Kirche in Beziehungen" (zum eschatologischen Reich Gottes, aber auch zur säkularen Welt, zu den Religionen und Kulturen, zum Atheismus usw.) versteht, kann von dieser Spiritualität und der von ihr gestützten Ekklesiologie nicht mitgetragen werden. Der theologische Grund

dafür liegt letztlich wohl im Ausfall des *geschichtlichen* Verstehens von Glauben und Kirche: Natürlich haben diese teil an der ewigen, beständigen Treue Gottes, aber eben nur auf geschöpfliche, d.h. der Veränderung, der Gefährdung, der Sünde, dem Suchen und Fragen ausgesetzten Weise. Und das gilt auch von den amtlichen Strukturen der Kirche!

c) Kirche als Hoffnungszeichen

(1) Das bestimmende Kirchenbild:
Kirche als Weggemeinschaft zum Reich Gottes
Genau an dem zuletzt genannten Punkt setzen die tiefgreifenden Korrekturen des 2. Vatikanischen Konzils an den Einseitigkeiten des Kirchenbilds der letzten Jahrhunderte an. Das Konzil verhalf einer Kirchenerfahrung zum Durchbruch, die sich einerseits wieder stärker an den biblisch-patristischen Ursprüngen orientiert, und die andererseits zugleich der Realität der Kirche in unserer modernen Welt mehr gerecht werden will.

Diese nachkonziliare Kirchenspiritualität formt sich immer stärker gerade in Kirchen der sog. Dritten Welt aus, zumal in „Basisgemeinden" und in den „kleinen kirchlichen Gemeinschaften" Afrikas, aber auch weltweit in einigen neuen geistlichen Bewegungen, in lebendigen Aufbrüchen innerhalb unserer Gemeinden, unter Jugendlichen, in den Orden, auch in vielen theologischen und geistlichen Veröffentlichungen usw. Ihr geht es eindeutig um die glaubende Erfahrung von Kirche als „Communio", als „Gemeinschaft im Glauben". Hier sollen besonders drei inhaltliche Momente dieser geistlichen Kirchenerfahrung hervorgehoben werden.

aa) Als *pilgerndes „Volk Gottes"* ist die Kirche eine Gemeinschaft von Schwestern und Brüdern, die mit allen anderen Menschen „seiner Gnade" (vgl. Lk 2,14) zusammen auf dem Weg sind zum verheißenen Reich Gottes.

Weggemeinschaft der Hoffnung inmitten und mit der großen Menschheitsfamilie zu sein – das läßt in vielen Glaubenden die Freude an der Kirche immer wieder stärker sein als das Leiden an ihr.[69] Die *Gefahr* des Verlustes von unterscheidenden Konturen bis hin zur Selbstauflösung „unter die anderen" wird durchaus gesehen; darum wächst gerade für dieses Kirchenbild die Bedeutung der gemeinsamen Eucharistiefeier als konzentrierender Mitte aller Wege zum Reich Gottes. Denn hier wird die Kirche immer neu „Volk Gottes vom Leib Christi her".[70]

bb) Die Kirche wird auf allen Ebenen als eine Gemeinschaft von *Sündern* erfahren, die mit ihrer Schwäche und Schuld das Erscheinungsbild der Kirche, ihr geistliches und menschliches „Niveau", ihre zentralen Strukturen und Selbstvollzüge mitprägen und damit zu ihrer geistgewirkten Heiligkeit stark kontrastierend wirken. Wo diese Erfahrung von Kirche in Demut und Selbstkritik gelebt wird, kann sie ein starker Damm sein gegen jedes übersteigerte, triumphalistische Selbstbewußtsein der Kirche. Aber auch hier gibt es natürlich *Gefahren:* Dieses wache Bewußtsein von der Sündigkeit der Kirche kann sich leicht in eine illusionäre und lieblose Kritiksucht verlieren, die am liebsten – unter jeweils neuen Vorzeichen – eine „Kirche der Reinen" etablieren möchte.

cc) Durch das zunehmende Gewicht der Kirchen in den südlichen Kontinenten wird die besondere Berufung der Kirche heute weltweit in ihrer *Solidarität mit den Armen* erkannt und gelebt. In der Nachfolge des „Weizenkorns, das in die Erde fällt und stirbt", teilt sie – regional sehr verschieden – auch lebensmäßig immer häufiger das Schicksal der vielen Opfer unserer Geschichte und unserer gegenwärtigen welt- und regionalpolitischen Ungerechtigkeiten. Durch die mitgehende und mitleidende „Sympathie" wächst sie an verschiedenen Orten und in verschiedenen Formen als eine Kirche unter und mit den Armen, ja als „Kirche *der* Armen", in der die Armen selbst zum hervorgehobenen Subjekt des kirchlichen Handelns werden. Je mehr sich diese Art und Weise, Communio zu leben, weltweit ausbreitet, um so eher wird die Kirche zu einem „Gleichnis des Miteinanderteilens" (Taizé) in einer zerstrittenen Menschheit. So erfüllt sie heute am überzeugendsten ihre Bestimmung, das „universale Sakrament des Heils" (LG 48), eben des Lebens-, Friedens- und Gerechtigkeitswillens Gottes und seines Reiches zu sein. Zweifellos besteht auch hier eine *Gefahr:* daß sich nämlich das soziale und politische Engagement verselbständigt und nicht mehr in den lebendig gelebten Glauben an den dreieinen Gott integriert wird.

Um auch diese Spiritualität zu veranschaulichen, sei hier ein Abschnitt aus dem 1975 verabschiedeten Grundlagentext der Synode aller (damaligen) bundesdeutschen Diözesen („Unsere Hoffnung") angeführt:

„Neue Schöpfung ist anfanghaft verwirklicht in der Gemeinschaft der Kirche (vgl. Gal 6,15f.). Diese unsere Kirche ist eine Hoffnungsgemeinschaft. Und das Gedächtnis des Herrn, in dem wir gemeinsam die wirksame Gegenwart seiner rettenden Heilstat feiern, ,bis er wiederkommt', muß für uns und für die Welt, in der wir leben, immer wieder zur gefährlichen Erinnerung unserer Vorläufigkeit werden. Die Kirche ist nicht selbst das Reich Gottes, wohl ist dieses ,in ihr im Mysterium schon gegenwärtig' (LG 3). Sie ist deshalb nicht eine reine Gesinnungsgemeinschaft, sie ist kein zukunftsorientierter Interessenverband. Sie gründet im Werk und auf der Stiftung Jesu Christi; sein Heiliger Geist ist der lebendige Grund ihrer Einheit. Er, der Heilige Geist des erhöhten Herrn, ist die innerste Kraft unserer Zuversicht: Christus in uns, Hoffnung auf die Herrlichkeit (vgl. Kol 1,27). Deshalb ist die Hoffnungsgemeinschaft unserer Kirche kein Verein, der sich selbst immer neu zur Disposition stellen könnte; sie ist in ihrer Gemeinschaftsform ein Volk,

pilgerndes Gottesvolk, das sich dadurch identifiziert und ausweist, daß es seine Geschichte als Heilsgeschichte Gottes mit den Menschen erzählt, daß es diese Geschichte im Gottesdienst immer wieder feiert und aus ihr zu leben sucht.

Die Lebendigkeit dieses Volkes und der in ihm eingeräumten Erfahrungen von Gemeinschaft hängt freilich am Leben dieser Hoffnung selbst. Keiner hofft ja für sich allein. Denn die Hoffnung, die wir bekennen, ist nicht vage schweifende Zuversicht, ist nicht angeborener Daseinsoptimismus; sie ist so radikal und so anspruchsvoll, daß keiner sie für sich allein und nur im Blick auf sich selber hoffen könnte. Im Blick auf uns allein: bliebe uns da am Ende wirklich mehr als Melancholie, kaum verdeckte Verzweiflung oder blinder egoistischer Optimismus? Gottes Reich zu hoffen wagen – das heißt immer, es im Blick auf die anderen zu hoffen und darin für uns selbst. Erst wo unsere Hoffnung für die anderen mithofft, wo sie also unversehens die Gestalt und die Bewegung der Liebe und der Communio annimmt, hört sie auf, klein und ängstlich zu sein und verheißungslos unseren Egoismus zu spiegeln. ,Wir wissen, daß wir vom Tod zum Leben hinübergeschritten sind, weil wir die Brüder und Schwestern lieben. Wer nicht liebt, bleibt im Tode‘ (1 Joh 3,14).“[71]

(2) Das geistliche Leitmotiv:
Kommunikation nach außen wie nach innen

Im Unterschied zum ersten Modell einer geistlichen Kirchenerfahrung stehen hier die gesellschaftliche Realität der Kirche und ihr theologisches Geheimnis gleichermaßen im Blick. Weil nämlich Gott selbst v.a. als „Communio" der Liebe zwischen Vater und Sohn im gemeinsamen Heiligen Geist verehrt wird, wird die Kirche als Gleichnis, als „Sakrament" dieser Communio verstanden (s.o.). Deswegen kann ihre sichtbare (auch soziologisch beschreibbare) Erscheinungsweise nicht etwas bloß Äußerliches und Zweitrangiges sein, sondern muß zeichenhaft diesen ihren theologischen Sinngehalt zur Darstellung bringen. Gehalt und Gestalt der Kirche werden darum als eine untrennbare Einheit gesehen: Sie ist nur dann wahre Communio im Glauben, wenn sie sich in all ihren Bereichen als „kommunikativer" Lebensraum des Glaubens verwirklicht. Eine hohe Sensibilität für das Zusammenstimmen von Communio-Theologie und kommunikativem Lebensstil zeichnet diese Sicht der Kirche aus.

Von daher werden das Leiden und die Kritik vieler Christen heute an eklatanten Rückfällen kirchlicher Amtsträger in überwunden geglaubte autoritäre Verhaltensmuster verständlich; steht doch das entscheidende Glaubwürdigkeitskriterium des konziliaren Neuansatzes auf dem Spiel. Um diese gesuchte Einheit von Gehalt und Gestalt der Communio besser realisieren zu können, bedarf es – im Gegensatz zum zweiten Modell – einer rechtlich gesicherten Partizipation aller dazu bereiten und fähigen Christen an allen Lebensvollzügen und Entscheidungsprozessen der Kirche. Denn *alle* Glaubenden bilden *das gemeinschaftliche Subjekt der Kirche*; mit der Rolle des „Objekts" amtlicher Leitungsfunktionen können und dürfen sich Christen dieser geistlichen Couleur nicht mehr zufriedengeben.

(3) Entschiedene Option für diese Kirchenspiritualität

Diese drei verschiedenen geistlichen Erfahrungen und Optionen von Kirche müssen von ihrem theologischen Gehalt her keineswegs unversöhnlich gegeneinanderstehen. Allerdings stehen sie auch nicht einfach gleich-gültig nebeneinander. Die heutige Situation der Kirche erfordert m.E. eine entschiedene Option für die dritte Weise einer geistlichen Kirchenerfahrung, weil der im Konzil beschrittene Weg der „kommunizierenden" Kirche der kulturellen Situation unserer Gegenwart noch am ehesten die frohe und befreiende Botschaft des Glaubens vermitteln kann. In diesem Programm der *positiven Vermittlung* besteht ja gerade das neue, für unsere Epoche verbindliche, „definitive" theologisch-pastorale Grundanliegen des 2. Vatikanischen Konzils. Die beiden anderen geistlichen Kirchenerfahrungen behalten nur insofern ihre Geltung, als sie für diese neue geistliche Sicht von Kirche offen sind und sich von ihr relativieren lassen. Dann können sie auch *ihre* spezifischen Perspektiven und *ihre* Korrekturen an möglichen Einseitigkeiten des dritten Kirchenbildes befruchtend einbringen. Denn dieses ist von seinem Ansatz her darauf angelegt, sich von jeweils anderen Erfahrungen beschenken, bereichern und ausweiten zu lassen. Wo das gelingt, da bleibt die Frage, die Roger Schutz an die Kirche stellt, nicht bloß eine unbeantwortbare rhetorische Frage, sondern wird zum Ausdruck der Hoffnung – allerdings oft genug „gegen alle Hoffnung":

„Kirche, wirst du das ‚Volk der Seligpreisungen' werden, ohne andere Sicherheit als Christus: ein armes Volk, das komtemplativ lebt und Frieden schafft, das Träger der Freude und eines befreienden Festes für die Menschen ist, auch auf die Gefahr hin, daß du verfolgt wirst um der Gerechtigkeit willen?"[72]

2. Zum persönlichen Umgang mit der gegenwärtigen Situation

Wie kann sich eine solche Kirchenspiritualität nicht nur im Kopf, sondern auch im Herzen eines gläubigen Menschen „einnisten"? Wie kann sie dem einzelnen helfen, dem Ernst der gegenwärtigen Situation der Kirche so offen und realistisch zu begegnen, daß er genau darin Spuren und Anknüpfungspunkte einer neuen Hoffnung entdecken kann? Denn nicht die Flucht ins Spirituelle hilft weiter, sondern nur eine geistlich tief genug verwurzelte und zugleich empirisch „geerdete Hoffnung"; sie ist die Kraft, die wir brauchen, um die sich spürbar verstärkende Erfahrung der „Fremde" (sowohl im Kontext der kulturellen Entwicklung wie auch oft genug innerhalb der Kirche selbst) gut zu bestehen. Dazu einige persönliche Anregungen:

a) Ganz selbstverständlich das Gebotene tun

Als erstes greife ich einen guten Vorschlag von Ulrich Ruh auf[73]: Nicht das betriebsame und krampfhafte Bemühen, auf jeden Fall aktuell und erfolgreich, immer auf dem neuesten Bedürfnisstand der Leute sein zu wollen, läßt die Hoffnung wachsen, sondern die treue, selbstverständliche Pflege unserer zentralen Glaubensvollzüge: das persönliche und gemeinsame Gebet, der ansprechend gestaltete Gottesdienst (auch wenn immer weniger daran teilnehmen), das persönliche und gemeinsame Lesen in der Bibel, das verstehenwollende Gespräch über unseren Glauben, das absichtslose Tun der Nächstenliebe, die durchgetragene christliche Motivation im Alltag und in der beruflichen Arbeit usw. *„Die Einsicht, daß Christen zuallererst das ihnen im Glauben Gebotene möglichst selbstverständlich und absichtslos tun sollen, ohne dabei ständig nach rechts und links zu schauen und auf Beifall zu warten, kann und sollte auch befreiend und entlastend wirken. Sie ist ein Mittel sowohl gegen vorschnelle Resignation angesichts fehlender sichtbarer Erfolgserlebnisse wie gegen ein Übermaß an Betriebsamkeit"*[74].

Mir persönlich kommt da oft die Stelle Röm 4,16bf. zu Hilfe: „Abraham ist unser aller Vater vor Gott, dem er geglaubt hat – dem Gott, der die Toten lebendig macht, und das, was nicht ist, ins Dasein ruft. Gegen alle Hoffnung hat er [der fast Hundertjährige!] voll Hoffnung geglaubt, daß er der Vater vieler Völker werde." In diesem Stammvater unseres Glaubens erscheint die ganze Hoffnungsgeschichte Israels und der Kirche personifiziert: Eine Hoffnung, die ständig gegen den Augenschein anhofft, gegen alle Prognosen und Wahrscheinlichkeiten; eine Hoffnung auf den totenerweckenden Gott, der in der Geschichte seines Volkes den „normalen" Ablauf der Ereignisse immer wieder signifikant „unterbrochen" hat und so selbst aus abgestorbenen Baumstümpfen neues Leben hervorsprießen lassen kann. Warum nicht auch heute in seiner Kirche? Trauen wir es ihm wirklich noch zu? Die Haltung des „überschwenglichen" Zutrauens ist die Anfrage Gottes an uns in dieser Zeit.

b) Die Kirche auf das Reich Gottes hin relativieren

In Tübingen hörte ich in einer Predigt einmal eine humorvolle Abwandlung des bekannten Jesus-Wortes aus der Bergpredigt (Mt 6,33): „Suchet zuerst das Reich Gottes und seine Gerechtigkeit, alles andere wird euch dazugegeben – auch die Kirche." In der Tat: Die Kirche ist eine „Zu-Gabe" zum Reich Gottes! Wo immer wir uns für das Ankommen des Friedens-, Gerechtigkeits- und Lebenswillens Gottes gerade unter den Armen einsetzen (und dafür gibt es unendlich viele Möglichkeiten, auch außerhalb der institutionellen Kirche), da beginnt Kirche im ursprünglichen Sinn zu wachsen; da sammelt sich das Volk Gottes, oft recht klein und unscheinbar, aber voller Leben und Hoffnung. So etwas strahlt dann auch auf die große Kirche aus, und vielleicht ändert sich dadurch mit der Zeit auch etwas in ihren oft so verhärteten Strukturen.

Je mehr es uns gelingt, die Kirche insgesamt auf das Reich Gottes hin zu relativieren, um so mehr werden wir befreit von einer engen Fixierung auf innerkirchliche Zu- und Mißstände. Für mich hat konkret die „Arche" (nach Jean Vanier), also das Leben in Gemeinschaft mit geistig Behinderten, eine solche befreiende Kraft: Denn dieses mit allen Sinnen wahrzunehmende Gleichnis des Reiches Gottes schenkt mir immer wieder genügend Nachschub an Gelassenheit unserer kirchlichen Situation gegenüber.

c) *Die größere Weite der Universalkirche im Blick behalten*

Es besteht heute überall ein starker Trend zu kleinen, überschaubaren Gemeinschaften, auch im Glauben und in der Kirche. Das ist gut so; die Kirche braucht notwendig solche lebendigen Zellen als primäre Lebensräume des Glaubens (s.u.). Aber wo dieser Trend einseitig wird, wo er die überörtliche, übernationale, weltweite Gemeinschaft der Kirche zu sehr ausblendet und mißachtet, da führt dieser Trend zu einer starken Verarmung des spezifisch „katholischen", eben weltweiten Kirchenbewußtseins. Auch wenn vielen die konkrete Form der universalkirchlichen Leitung im Augenblick oft Probleme bereitet, so sollten wir deswegen nicht kurzatmig das Prinzip der Kirche als Universalkirche untergraben. Die Kirche ist eine „Gemeinschaft von Gemeinschaften", und sie lebt grundlegend von der – durchaus oft auch konfliktreichen – Spannung zwischen den kleinen, persönlichen Gruppierungen, den Pfarrgemeinden, den Bistümern, den Kirchen im Bereich einer Bischofskonferenz, den Kontinentalkirchen und der Weltkirche. Diese Spannung bewahrt uns davor, zu provinziell in unserer Kirchenperspektive zu werden (was sicher eine der größten Versuchungen gerade der deutschen Kirche ist!) oder gar auf die Ebene von reinen Nationalkirchentümern abzusinken, deren Gefährdung heute (besonders in Osteuropa) wieder allzu deutlich sichtbar wird. Zugleich befreit sie uns dazu, den ungeheuren spirituellen und kulturellen Reichtum der Kirche in den verschiedensten Ländern und Kontinenten wahrzunehmen, uns daran zu freuen, uns davon ausweiten und beschenken zu lassen.

d) Die Kirche meditieren

Darüber hinaus habe ich für mich eine alte geistliche Übung der Kirchenväter wieder entdeckt: Die Väter und Mütter der Kirche haben über sie nicht so sehr reflektiert, diskutiert oder räsoniert, sondern vor allem meditiert. Das heißt: Sie haben fast jeden Text der Hl. Schrift symbolisch auf das Verhältnis zwischen Christus und der Kirche ausgelegt und ausgekostet. Ich versuche, es ihnen ein wenig nachzumachen; beim Lesen und Betrachten der Bibel frage ich mich jetzt sehr oft: Kommt hier auch die Kirche vor? Welches Bild von Kirche steckt in dieser Szene, in diesem Gleichnis, in dieser Erzählung, in dieser Ermahnung? So entdecke ich mit der Zeit immer tiefere, schönere, verheißungsvollere Möglichkeiten der Kirche, die mir ihr „Geheimnis" etwas erschließen und mich darum auch mit ihrer Realität mehr versöhnen.

Ein paar *Beispiele* solcher „Kirchenmeditationen": Carlo M. Kardinal Martini hat einmal sehr treffend die Erzählung von der Hochzeit zu Kana (Joh 2,1-11) auf die heutige Kirche ausgelegt.[75] „Sie haben keinen Wein mehr": Warum geht uns heute so schnell der Wein aus, also die „Freude des Evangeliums", so daß die Kirche oft eher den Eindruck einer Trauerversammlung als einer Hochzeitsgesellschaft macht? Ist es die rastlose Überanstrengtheit unserer vielen organisatorischen Bemühungen? Oder sind viele unserer Strukturen bereits so „versteinert" wie die leeren Wasserkrüge in Kana? „Was *er* euch sagt, das tut": Der Funke der Freude am Glauben kann wohl nur dann noch überspringen und die große Zahl der Müden und Gleichgültigen erreichen, wenn wir uns an Jesus, die fleischgewordene Sympathie Gottes zu seinen Geschöpfen, halten, wenn wir sein Zeugnis von der Menschenfreundlichkeit Gottes ganz unmittelbar und absichtslos vorleben.

Oder die Geschichte von der Auferweckung des Sohnes einer Witwe in Naim (Lk 7,11-17): Die Kirche, die um ihre

„toten" Kinder *weint* (statt sie auszugrenzen und abzu-
schreiben); Jesus, der sich von diesem Weinen anrühren
läßt und darum auch die „Toten" berührt, der die Grenzen
zwischen „lebenden" und „toten" Gliedern der Kirche
durchbricht, der die Toten auferweckt und sie ihrer „Mutter" zurückgibt, ihr aufs neue anvertraut, damit sie dieses
neue Leben ihrer „Kinder" gut hüte und nicht zugrundege-
hen lasse.

Oder die Heilung der gekrümmten Frau in der Syn-
agoge (Lk 13,10-17): Von welchen „Dämonen" läßt sich
die Kirche denn so plagen, daß sie gekrümmt ist und
nicht mehr aufrecht, voller Lebensmut und Lebensfreude
gehen kann? Hört sie nicht mehr, wie Jesus sie zu sich
ruft? Spürt sie nicht mehr die Nähe der heilenden Hände
Jesu: in seinem Wort, in seinen bleibend wirksamen
Heilszeichen, in den geringsten seiner Schwestern und
Brüder, in der um ihn versammelten Gemeinschaft? Oder
muß sie sich doch eher im Synagogenvorsteher erkennen, der über die Freiheit und Menschlichkeit Jesu em-
pört ist?

Solches biblisches Meditieren über die Kirche steht
wohl wenig in Gefahr, sich in ein schönes spirituelles Idealbild von Kirche hineinzuträumen. Nein, es ist bloß eine
andere Weise einer heilsamen Relativierung der Kirche:
Die institutionelle Gestalt der Kirche ist nicht die ganze
Kirche; diese hat bedeutend mehr an Sinn, an Perspektive
und an Hoffnungspotential zu bieten, als wir auf den ersten Blick wahrnehmen können. „Man sieht nur mit dem
Herzen gut"; das gilt eben auch für die Kirche – als Subjekt
wie als Objekt...

e) Sich den Freimut zum Widerspruch in der Kirche bewahren

Ein verantwortungsvoller geistlicher Umgang mit der
Situation der Kirche macht keineswegs stumm oder pas-
siv-gefügig; im Gegenteil, er reaktiviert durchaus auch die

alte biblische Tugend des Freimuts in der Kirche. Und zwar gerade da, wo Institutionen oder einzelne Mitglieder, Gruppen oder Amtsträger der Kirche ihrer Sendung, nämlich Jesus Christus und sein befreiendes Evangelium heute transparent zu machen, nicht oder zu wenig gerecht zu werden scheinen. Gerade in der gegenwärtigen Phase einer „von oben" geförderten Abgrenzung gegenüber legitimen Anfragen der Moderne, womit die Kirche eindeutig hinter die diesbezüglichen Erneuerungsversuche Johannes XXIII. und des 2. Vatikanischen Konzils zurückgeht, dürfen wir nicht den Eindruck der Feigheit und Ängstlichkeit machen. Wir lassen sonst zu viele Christen, die vom Konzil und *seiner* Einstellung zur „Moderne" inspiriert sind und sich darum nach einer neuen Weise des innerkirchlichen Umgangs miteinander sehnen, mit ihren Enttäuschungen und Verletzungen allein. Auch wird man uns sonst mit Recht in einigen Jahren oder Jahrzehnten den Vorwurf machen: „Warum habt ihr damals geschwiegen?"

Aber unser Widerspruch sollte in einer Sprache formuliert sein, die auf *Versöhnung* zielt, die nicht durch Polemik und Unterstellungen die Gräben zwischen den verschiedenen Richtungen noch vertieft; in einer Sprache, die den anderen in seinem religiösen Empfinden nicht verletzt, sondern die ihn zu verstehen sucht, die aufmerksam den Wahrheitskern in seiner Meinung herauszufinden sucht. Dazu noch einmal B. Rootmensen, der im Rückblick auf sein Engagement innerhalb der Kirche in den 60er und 70er Jahren schreibt: „Drittens machte man den Fehler, daß man an die Überzeugungskraft der Polemik glaubte und dachte, daß man dadurch das Gute triumphieren lassen und das Böse besiegen könnte. Nun darf es ja ruhig Meinungsunterschiede geben und ist auch nichts dagegen einzuwenden, daß man aufs schärfste miteinander diskutiert, doch die Meinung, wenn man nur genügend polarisiere, werde die eigene Wahrheit schon von selbst siegen, hat sich als eine Illusion herausgestellt".[76] Dagegen hat eine auf Versöhnung zielende Sprache durchaus die Kraft, sowohl die Dinge beim Namen zu nennen und die Geister zu unterscheiden (z.B. zwischen geistlicher Vollmacht und politischem Machtmißbrauch in der Kirche) als auch verhärtete Fronten in Bewegung zu bringen. Sie kann sich zudem an einem realen Modell orientieren: an dem Stil der Kommunität von Taizé und ihres Priors Roger Schutz. Da wird uns weithin sichtbar das anziehende Bild einer versöhnten und versöhnenden Kirche vorgelebt.

f) Die Kraft der Geduld nicht unterschätzen

Als Kontrapunkt zu dem beschriebenen Freimut möchte ich auf eine andere, ebenso gut biblisch verankerte Tugend hinweisen, nämlich die *Geduld*. Denn wie soll man sich verhalten, wenn alle noch so gutgemeinten Versuche scheitern? Wenn der Funke trotz eigener Freude am Evangelium dennoch nicht überspringt, wenn alle noch so kommunikativ angelegten Gesprächsansätze nach innen wie nach außen oft nur recht punktuell etwas bewegen? Diese Erfahrung wird uns ja immer häufiger zugemutet. Mir sind dabei zwei schöne Texte aus der großen geistlichen Tradition unserer Kirche zu Hilfe gekommen, die ich kurz vorstellen möchte.

Der eine stammt von *Madeleine Delbrêl* (1904-1964), jener französischen Mystikerin mitten in einer völlig entchristlichten Arbeitswelt, die in den 40er und 50er Jahren eine hohe geistliche und menschliche Bedeutung für die Bewegung der Arbeiterpriester erlangte. Als diese Bewegung 1953 von Rom verboten wurde, versuchte sie durch Briefe und Gespräche mitzuhelfen, die schlimme Situation aus dem Glauben heraus zu meistern. In einem ihrer Briefe an die betroffenen Priester greift sie das Bild von der Geburt auf, um die Mühseligkeit kirchlicher Lebens- und Erneuerungsprozesse zu veranschaulichen. Sie schreibt:

„Ich habe Angst, daß ihr wie eine Frau, die nicht weiß, daß man unter Schmerzen gebiert, die nicht versteht, daß sie davon zerrissen wird und die die Wehen blockiert, die sie zerreißen und die gleichzeitig das Kind heraustreiben wollen – daß ihr wie eine solche Frau den missionarischen Auftrag in euch zurückhaltet. Solange das Kind im Schoß der Mutter ist, ist es im Leib eines erwachsenen Menschen; geboren werden heißt für es: klein und schwach werden...; um erwachsen zu werden, muß es aber zuerst einmal dieses kleine Kind sein. Dieses Kind, diesen neuen Menschen erwarten die anderen von euch – nicht den Erwachsenen, der ihr seid. Wenn der missionarische Auftrag nicht unter Schmerzen aus euch geboren wird, bleibt er... wie eine tote Leibesfrucht, die eine Frau in ihrem Schoß trägt.*

Es scheint mir, daß die Kirche immer schon auf diese Weise geboren wurde, zu allen Zeiten und als ein und dieselbe. Immer sind es die gleichen Kämpfe, die die Heiligen zermalmt haben. Sie waren zur Fruchtbarkeit berufen; wenn sie es geschehen ließen, daß das, was in ihnen erwachsen war, ganz arm und hilflos herauskam, ganz klein und erniedrigt durch die grausamen, blutigen, aber organisch notwendigen Zuckungen des Gehorsams, dann ist Christus-Kirche von neuem auf die Welt gekommen. Andere, die zur gleichen Fruchtbarkeit berufen waren, haben die Gesetze des Lebens nicht erkennen können; sie haben sie mit den Schmerzen eines kranken Leibes verwechselt, und Christus konnte nicht durch sie hindurch weitergehen."[77]

Madeleine Delbrêl hat recht: Wo der Einsatz für notwendige strukturelle Veränderungen sich nicht aus dieser kontemplativen Geduld einer fast schon mystisch zu nennenden Liebe zu Christus und seiner Kirche speist, wird er auf Dauer unfruchtbar bleiben. „Kampf und Kontemplation" (Taizé), „Widerstand und Ergebung" (D. Bonhoeffer) sind für den Glaubenden zwei Seiten derselben Medaille.

Ein zweiter Text, in einer alten Florentiner Handschrift überliefert, geht auf den *hl. Franziskus* zurück. Im Gespräch mit Bruder Leo sucht er nach dem Grund der „wahren Freude":

Es war bei Santa Maria degli Angeli, da rief der selige Franz Bruder Leo herbei und sprach: „Bruder Leo, schreibe!" Der antwortete: „Ja – ich bin bereit!" „Schreibe", sagte Franz, „wo die wahre Freude zu finden ist: Ein Bote kommt und berichtet, alle Professoren von Paris seien in unseren Orden eingetreten.

Schreibe: Darin besteht die wahre Freude nicht! Ja sogar alle kirchlichen Würdenträger jenseits der Alpen, Erzbischöfe und Bischöfe – selbst der König von Frankreich und der König von England! Schreibe: Darin besteht die wahre Freude nicht! Weiterhin: alle meine Brüder seien zu den Ungläubigen gegangen und hätten dort alle zum Glauben bekehrt.

Schließlich sogar: ich hätte so große Gnade von Gott, daß ich die Kranken heile und große Wunder tue. Ich sage dir: In solcherlei Dingen besteht die wahre Freude nicht!

Aber worin denn?

Da kehre ich etwa mitten in der Nacht von Perugia zurück und komme hierher. Es ist Winter, schmutzig und so kalt, daß sich unten an der Kutte Eisklumpen bilden, die mir beim Gehen die Beine blutig schlagen. Und so in Schmutz, Kälte und Eis komme ich zur Pforte und, nachdem ich lange geklopft und gerufen, kommt der Bruder und fragt: ,Wer bist du?' Ich antworte: ,Bruder Franziskus'. Und er sagt: ,Scher dich fort! Zu dieser Zeit streunt man nicht herum. Du kommst mir nicht herein!' Da ich es nochmals versuche, antwortet er: ,Scher dich fort, du bist ein Einfaltspinsel und Idiot. Komm ja nicht mehr zu uns! Leute wie dich brauchen wir nicht.' Und ich versuche es nochmals an der Pforte, mit Nachdruck, und sage: ,Um der Liebe Gottes willen – nehmt mich wenigstens für diese Nacht auf!' Und er antwortet: ,Das tue ich nicht! Geh zum Haus der Kreuzherren, und frage dort an!' Ich sage dir: Wenn ich dabei Geduld bewahre und mich nicht aufrege – das wäre die wahre Freude, die wahre Tugend und das Heil der Seele."[78]

Dreimal bei den eigenen Brüdern anklopfen, von ihnen nicht erkannt und unter Beschimpfungen abgewiesen zu werden: Dies in Geduld und ohne Aufregung zu ertragen ist für Franz die wahre Freude. Wie oft klopfen wir in unserem eigenen Haus, der Kirche, an und tragen immer wieder die gleichen Anliegen vor! Und wie oft werden wir unverrichteter Dinge fortgeschickt, vielleicht sogar schroff brüskiert und verletzt. Dabei nicht bitter oder hart zu werden, sondern die Geduld zu bewahren – das ist in der Tat das Geheimnis ungebrochener Freude auch in der Kirche, trotz allem, was einem in ihr widerfährt.

Allerdings ist die Geduld auch eine sehr für Mißbrauch anfällige Tugend. So darf sie z.B. keineswegs *anderen* als vertröstende Entschuldigung für unhaltbare Zustände anempfohlen werden; sie soll auch nicht den Zorn über ärgerliche Mißstände ersetzen; erst recht kann sie nicht als Alibi für unterlassenes Handeln herangezogen werden.

Dazu Hans Schaller: „*Geduld ist nicht eine Tugend der charakterlich Passiven, der Gutmütigen, die mangels eigener Kraft und Phantasie sich einfach mit der Gegebenheit einer traurigen und ausweglosen Situation abfinden und sich anpassen. Nein, Geduld zielt im Letzten darauf, sich das innere Grundvertrauen, die Heiterkeit des Herzens, nicht zerstören zu lassen. Sie dient zur Erhaltung der Zuversicht, der Daseinsfreude.*

‚Geduldig sein heißt: Sich durch die Verwundungen, die aus der Verwirklichung des Guten erwachsen, nicht die Klarsichtigkeit der Seele rauben lassen. Geduld bedeutet nicht den Ausschluß von energisch zupackender Aktivität, sondern just und ausdrücklich und einzig den Ausschluß von Traurigkeit und Verwirrung des Herzens... Geduld ist alles andere als ein tränenverhangener Spiegel eines zerbrochenen Lebens. Sie ist der Inbegriff einer innen geläuterten Unverwundbarkeit' (J. Pieper)."[79]

II. Umrisse einer sich strukturell verändernden Kirche

Die Ausführungen dieses Buches stehen unter dem Titel: „Wohin geht die Kirche?" Ich möchte in diesem letzten Kapitel eine vorsichtige Antwort versuchen. Dabei sollen weniger Kirchenträume oder Kirchenvisionen dargeboten werden (so unentbehrlich diese auch sind, um nicht den „großen Bogen" aus dem Auge zu verlieren!), als vielmehr einige realitätsnahe Hypothesen und Anregungen, die mögliche Konturen einer künftigen Gestalt von Kirche aufzeigen; und zwar so, wie sie sich aufgrund bestimmter gegenwärtiger Entwicklungslinien bereits abzuzeichnen beginnen. Natürlich hängt dabei viel von der Voraussetzung ab, daß die politische und wirtschaftliche Entwicklung in Europa in den nächsten Jahren und Jahrzehnten keine revolutionären Umbrüche oder kriegsbedingten Zusammmenbrüche erleiden wird. Die kulturelle Entwicklung und damit auch das Wertebewußtsein, der Sinn für Religiosität, die allgemeine Akzeptanz des kirchlichen Christentums u.ä. werden sicher weiterhin vielen Schwankungen unterworfen sein. Aber eine generelle Umkehr unserer modernen europäischen Gesellschaften zu einer weithin kirchlich integrierten Religiosität wie vor dem sog. „Modernisierungsschub" halte ich unter den doch wohl langzeitig gegebenen Bedingungen wachsender Subjektivierung und Pluralisierung (gerade im Religiösen!) für sehr unwahrscheinlich. Denn auch wenn die Ambivalenzen gegenwärtiger kultureller Mentalität immer deutlicher in das allgemeine Bewußtsein eindringen sollten: Solange sie sich nicht spürbar kontraproduktiv auf das wirtschaftliche Wohlergehen der großen Mehrheit oder auf den politischen und sozialen Frieden auswirken, dürfte eine Bewußtseins- und Verhaltensänderung im großen Stil kaum zu erwarten sein.

Wenn dem so ist, müssen wir uns auf jeden Fall fragen: Worauf gilt es sich langfristig einzustellen? Woraufhin sollen wir vorausdenken und bereits jetzt Akzente setzen?

1. Auseinanderdriftende „Richtungsmilieus" in der Kirche

Vergleichbar der gesamtgesellschaftlichen Auseinanderentwicklung in bestimmte „Erlebnismilieus", die immer weniger offen füreinander sind, wird es wohl auch in der katholischen Kirche (nicht anders als im modernen Judentum und im Protestantismus) immer stärker zu sehr verschiedenen theologisch-kirchlichen Strömungen und Richtungen kommen, die sich in ganz bestimmten Sozialformen zusammenfinden und deren Kommunikation sich untereinander wohl noch schwieriger gestalten wird als bislang schon. Ein ausschlaggebendes Unterscheidungsmerkmal solcher sich eher personal als lokal definierender „Richtungsmilieus" scheint mir v.a. in der unterschiedlichen Grundeinstellung zur gegenwärtigen Phase der kulturellen Moderne und der damit notwendig verbundenen Standortbestimmung der Kirche in dieser Kultur zu liegen.

Zum Beispiel werden jene Gläubigen, unter denen die Neigung zur *Dämonisierung* der Moderne vorherrscht, wohl nicht nur weiterhin zahlenmäßig zunehmen, sondern sich noch mehr als bisher in „fluchtburg"artigen Gemeinschaftsformen und Kommunikationssystemen zusammenschließen, um ihre christliche Identität gerade durch den scharfen Kontrast zur Moderne (und natürlich erst recht zur „modernen Kirche") zu bewahren und zu verstärken. Dabei kann es gar nicht ausbleiben, daß sich hier sektenähnliche Strukturen ausbilden, also gleichsam „Kirchen in der Kirche", deren *orts*kirchliche (weniger die universalkirchliche) Integration äußerst mühsam sein wird. Bedauerlicherweise ist ihr Einfluß auf kirchliche Entwicklungen und Entscheidungen bereits heute schon viel größer als ihr tatsächliches quantitatives und theologisch-qualitatives Gewicht. *„Kirchlicherseits käme es vielmehr darauf an, diese Milieus nicht unnötig auszugrenzen, auch das vereinseitigt Richtige, das sich möglicherweise in ihnen artikuliert, zu suchen, sich aber auf keinen Fall die eigene Tagesordnung von diesen Kreisen diktieren zu lassen und im übrigen – soweit überhaupt möglich – die sachbezogene Auseinandersetzung mit ihnen nicht zu scheuen."* (K. Nientiedt)[80]

In einer ganz anderen Richtung werden sich vermutlich auch innerhalb der katholischen Kirche solche Milieus oder Strömungen ausbreiten, die sich stärker dem Einfluß einer *evangelikalen* oder *pfingstkirchlichen* Spiritualität öffnen und von daher auf die direkte, unvermittelte Konfrontation der christlichen Verkündigung mit der Moderne setzen. Das differenzierte Suchen nach Anknüpfungspunkten oder Übersetzungsmöglichkeiten des christlichen Glaubens in unsere Kultur hinein scheint vielen von ihnen eher ein entbehrlicher Umweg oder überhaupt vergebliche Liebesmüh zu sein. Angesichts der hochgradigen religiösen Orientierungslosigkeit und der in solchen Milieus gepflegten unkonventionellen Gottesdienst- und Verkündigungsweisen, die die religiöse Erlebnismentalität ansprechen, werden sie sicher manchem unserer nach religiöser Geborgenheit verlangenden (und meist jüngeren) Zeitgenossen eine neue Heimat im christlichen Glauben bieten können. Hier wird sehr viel davon abhängen, ob die Verantwortlichen solcher Gruppen zu einer kirchlich eingebundenen „Unterscheidung der Geister" fähig und bereit sind. Sonst werden sich auch in dieser „Szene" zunehmend pietistisch-sektiererische Milieus ausbreiten.

Das breiteste und bunteste Spektrum wird auch weiterhin jene kirchliche Strömung bieten, die zwar aufgrund ihrer immer spürbarer werdenden gesellschaftlichen Minderheitssituation und ihres hohen Altersdurchschnitts im ganzen eher konservativ gestimmt sein wird, aber grundsätzlich (im Sinn des 2. Vatikanischen Konzils) für eine *kommunikative Auseinandersetzung* mit der Moderne offen ist; also das normale katholische „Mittelfeld". Dessen Bandbreite ist allerdings recht groß; sie reicht von einer eher vorsichtig-skeptischen Annäherung bis zu einer programmatischen Konvergenz zwischen christlichen und modernen (oder auch „postmodernen") Wertvorstellungen. Während sich diese verschiedenen Akzentuierungen in den Ortsgemeinden mehr oder weniger mischen bzw. nebeneinander – friedlich oder streitbar – koexistieren, bilden sie darüber hinaus jedoch verstärkt andere Kommunikationsformen aus, wie z.B. Publikationsorgane, Akademieseminare, geistliche Weiterbildungskurse, Gebetstreffen, politische oder soziale Projekte, religiös gestaltete Reiseprogramme, Wallfahrten usw., in denen sich jeweils bestimmte „Richtungen" milieuartig zusammenfinden und sich gegenseitig in ihrer Form von Kirchlichkeit stützen. Solange die Kommunikationsbereitschaft nach außen (zur modernen Kultur hin) mit der nach innen (zur gesamten Kirche hin) korrespondiert, müßte hier noch am ehesten die Integration sowohl zu gemeinsamen kirchlichen Lebensvollzügen wie auch zu gemeinsamen Antworten auf konkrete kulturelle Herausforderungen gelingen können. Am schwierigsten scheint mir dies bei solchen Milieus zu sein, die zwar durchaus zur katholischen Kirche gehören wollen und sich z.T. auch sehr in ihr engagieren, die aber zugleich von einem so starken antiinstitutionellen Affekt geprägt sind, daß die kritische Wahrnehmung und Beurteilung aller kirchenamtlichen Vorgänge fast schon zum Kern der eigenen Selbstdefinition als Christ, ja, des Christseins überhaupt wird.

Unter den Voraussetzungen solcher immer weiter voranschreitender Differenzierungsprozesse wird der Dienst des kirchlichen Einheits- und Leitungsamtes (auf allen Ebenen) immer anspruchsvoller. Denn was im 1. Teil generell über die Aufgabe des Christen als „Milieugrenzgänger" innerhalb der modernen „Erlebnisgesellschaft" gesagt wurde, gilt wohl für die Träger dieses Amtes noch einmal in spezifischer Weise: Sie müssen diesen milieuüberschreitenden und -integrierenden Dienst auch *innerhalb* der Kirche selbst wahrnehmen und sehr viel Kraft in ihn investieren, um den innerkirchlichen „Milieuethnozentrismus" zumindest in Grenzen zu halten. Das alte Bild des „Hirten" bleibt so auch in „postmodernen" Zeiten durchaus aktuell...

2. Eine steigende Tendenz zu „profilierten" Gemeinden

Vor dem Hintergrund der gesamtgesellschaftlichen Mobilität, die für sehr viele Menschen die reale Unterscheidung zwischen Wohn- bzw. Schlafraum einerseits und Lebensraum (Schule, Arbeitsplatz, Freizeitangebote, Einkaufszentren usw.) andererseits mit sich bringt, wird sich vermutlich eine Tendenz noch mehr verstärken, der wir weder bloß abwehrend begegnen noch einfachhin begeistert zustimmen können: nämlich die Konzentration des spirituellen und gemeinschaftlichen Lebens entweder auf Pfarrgemeinden, die von ihrer geographischen Lage, ihrer personellen Ausstattung und ihrer Tradition her ein deutlich geprägtes Profil haben, oder auch auf vergleichbare geistliche Zentren (Klöster und Ordenshäuser, Exerzitien- und Bildungshäuser, neue geistliche Bewegungen, Wallfahrtsorte u.ä.). Kirche wird auf längere Sicht wohl mehr in *Kristallisationspunkten* leben als in einem flächendeckenden Pfarrei- oder Pfarrverbandsystem. Dieses behält zwar seinen guten Sinn (gerade für Gläubige, die aus den verschiedensten Gründen nicht so mobil sein können); aber immer weniger Gemeinden werden noch in der Lage sein, außer einer gewissen gottesdienstlichen und pastoralen „Grundversorgung" so etwas wie Heimat im Glauben für die verschiedensten Gruppen und Generationen von Gläubigen zu sein.[81]

Die Folge wird sein, daß immer mehr Menschen, denen der Glaube noch einen gewissen Einsatz an Zeit, Beweglichkeit und Engagement wert ist, bevorzugt dorthin gehen, wo sie sich nicht als „letztes Aufgebot" ziemlich verloren vorkommen, sondern wo ihre Suche nach erlebbarer Gemeinschaft und nach einer guten spirituellen Nahrung für Seele und Sinne erfüllt wird. Ich denke da v.a. an Gemeinden mit gutbesuchten, von vielen mitgestalteten regelmäßigen Familien- bzw. Jugendgottesdiensten und sonstigen Angeboten für Familien und Kinder; aber auch an Gemeinden mit einer anspruchs- und liebevoll gepflegten Erwachsenenliturgie (gerade was Musik, Rollenverteilung, Qualität der Gebetstexte und der Predigt angeht); oder an Pfarreien und Zentren mit einer selbstverständlich gewachsenen, die traditionelle „katholische Sinnlichkeit" pflegenden Frömmigkeit; oder an charismatisch geprägte Gemeinden und Gruppen; oder an Gemeinden und Bewegungen mit Optionen für bestimmte künstlerische, soziale oder politische Akzente usw. Solche Gemeinden werden noch mehr als bisher Mittel- und Anziehungspunkte weit über die Pfarreigrenzen hinaus sein können; und zwar nicht nur für gelegentliche oder regelmäßige Sonntagsgottesdienstbesucher, sondern gerade auch zum Heimischwerden von Menschen, die sich dort (anders als in ihrer Ortsgemeinde) auf Dauer engagieren möchten.

Daß diese Entwicklung durchaus ihre großen *Gefahren* hat, liegt auf der Hand. Ich nenne nur ein paar Stichworte: Förderung der religiösen Anspruchs- und Erlebnismentalität, Steigerung sowohl des Leistungsdrucks für die Gemeinden oder Gemeinschaften als auch der Konkurrenz unter den Gemeinden, Abhängigkeit von bestimmten aktiven Kerngruppen oder begabten Leitungspersönlichkeiten, Ausdünnung vieler „durchschnittlicher" Pfarreien usw. Dennoch meine ich, wir sollten dieser Tendenz, die uns faktisch vorgegeben und von uns sicher nicht aufzuhalten ist, nicht bloß defensiv, sondern auch kreativ begegnen, um angemessener als bisher auf die neue gesell-schaftliche Situation des Glauben zu reagieren.

Die *Chance* dieser Entwicklung könnte zum Beispiel darin liegen, daß die heute vielgepriesene „kooperative" Pastoral und Gemeindeleitung sich nicht nur an inner-kirchlichen Gegebenheiten (Personalmangel, Pfarrver-bands- und Dekanatsstrukturen u.ä.) orientiert, sondern stärker noch an den außerkirchlichen, eben kulturellen Er-fordernissen. Das setzt voraus, daß wir in städtischen wie in ländlichen Regionen viel großräumiger und mit weite-rem Horizont planen müssen; nämlich unter der Perspek-tive, ob innerhalb eines bestimmten kulturellen Lebens-raums personell und thematisch genügend Schwerpunkte mit den verschiedensten, von uns zu akzeptierenden und zu fördernden geistlich-pastoralen Profilen gesetzt werden. Dadurch könnte Kirche in der Öffentlichkeit wieder mehr erfahren werden als ein Netz von lebendigen christlichen Begegnungsorten, die den voranschreitenden Versteppungs-prozeß auf signifikante Weise unterbrechen.[82]

Wenn diese Prognose stimmt, dann bedeutet diese Ent-wicklung für die meisten unserer bestehenden Gemeinden (und ihre Verantwortlichen!) eine große *Herausforderung*: Sie müssen nämlich lernen, ein tiefsitzendes, lange ge-wachsenes „Besitzstandsdenken" aufzugeben *(„Unsere* Gemeinde muß auf jeden Fall mit all den gewohnten Le-bensvollzügen weiterexistieren, egal wie viele sich noch daran beteiligen!"). Eine solche „Unbeweglichkeit von un-ten" führt auf Dauer zu nichts anderem als zu einem im-mer kleiner und enger werdenden, fast nur noch mit sich selbst beschäftigten „Gemeindeklüngel", der kaum mehr etwas an Glaubens- und Lebensfreude nach außen aus-strahlen kann – eben wie ein Ofen, der nur noch sich selbst wärmt. Natürlich hängt ein gutes Gemeindeleben nicht primär von der Zahl der Teilnehmenden ab; aber es geht den Gemeinden hierzulande allmählich auch nicht viel anders als zahlreichen Ordensgemeinschaften oder kirch-lichen Krankenhäusern, Schulen, Kinderheimen oder anderen Institutionen: Wenn der tragende „Kern" eine bestimmte Zahl unter- und ein bestimmtes Alter überschreitet, nehmen die Vitalität und die missionarische Kraft ganz naturgemäß ab. Und bevor sich noch mehr (durchaus christlich interessierte) Menschen der jüngeren und mittleren Generation aus unseren oft so großen, aber immer leerer werdenden Kirchen verabschieden, sollten wir alles daran setzen, so großräumig und „selbstlos" mit anderen Gemeinden zusammenzuarbeiten, daß z.B. an *einem* zentralen Ort eine blühende Kinder- und Jugendseelsorge wachsen kann, daß an bestimmten Sonntagen und Festen (z.B. an Pfingsten oder während der Haupturlaubszeit im Sommer) für mehrere Gemeinden nur eine oder zwei gut gestaltete und (dann vermutlich auch) gutbesuchte Eucharistiefeiern angeboten werden u.ä.[83] Ohne den Willen und den Mut zu diesem (für viele z.T. überalterten Gemeinden und ihre ebenfalls nicht mehr so jungen Verantwortlichen) sicher sehr schmerzlichen, aber notwendigen Prozeß der Selbstrelativierung und des Loslassenkönnens werden m.E. ganze (ländliche wie städtische) Regionen Mitteleuropas christlich auf Dauer austrocknen.

Daß diese Entwicklung auch nicht durch mehr Hauptamtliche in den Pfarrgemeinden grundsätzlich aufzuhalten ist, scheint mir evident; dafür spricht allein schon die noch prekärere Situation sehr vieler, personell gut ausgestatteter evangelischer Gemeinden. Dieser Vergleich ist berechtigt, da sich die konfessionellen Unterschiede in der Beteiligung am kirchlichen Leben weiterhin nivellieren werden. Ich plädiere aus theologischen wie aus pastoralen Gründen zwar durchaus für eine flexiblere Handhabung der Zulassungsbedingungen zum geweihten Amt in der Kirche; der „Unbeweglichkeit von unten" korrespondiert in dieser Hinsicht eine ebenso gefährliche „Unbeweglichkeit von oben".[84] Aber der Sinn solcher innerkirchlicher Strukturveränderungen kann wohl kaum darin liegen, daß alle jetzt bestehenden Gemeinden auf noch so kleiner Flamme alle gewohnten pastoralen Menüs weiterkochen sollen. Es geht vielmehr darum, die Kirche in ihrer Pastoral und in ihrem Leitungsdienst vor einer drohenden Auszehrung und Überalterung zu bewahren und sie im ganzen zu einer kreativen Auseinandersetzung mit der gegenwärtigen kulturellen Situation zu befähigen. Wir brauchen einfach viel mehr jüngere Menschen, Frauen wie Männer, Verheiratete wie Unverheiratete, die in verantwortlicher Position stehen und die Gläubigen beim Übergang in eine neue Epoche des kirchlichen Gemeindelebens phantasievoll und ermutigend begleiten.

3. Die wachsende Asymmetrie zwischen aktiven und inaktiven Mitgliedern: Not und Chance der Sakramentenpastoral

Im Zusammenhang mit der Auflösung der „konfessionellen Milieus" (s.o.: 1. Teil II, 3) sind wir bereits auf das kulturbedingte Phänomen einer gesellschaftlich akzeptierten passiven oder inaktiven Mitgliedschaft in der Kirche gestoßen. Das augenfälligste Problem liegt natürlich zunächst einmal darin, daß diese Art der Mitgliedschaft gegenüber einer aktiven Teilnahme am kirchlichen Leben immer attraktiver wird und inzwischen bereits zum „Normalfall" geworden ist. Das Ergebnis ist eine deutliche Asymmetrie zwischen aktiven und inaktiven Mitgliedern, die von ersteren oft als sehr belastend und frustrierend empfunden wird (und zwar häufig im Zusammenhang mit der Sakramentenkatechese, die ja einen äußerst kritischen Begegnungspunkt zwischen diesen beiden Weisen von Kirchlichkeit darstellt). Wie können wir dieser Entwicklung offensiver und kreativer begegnen, so daß christliche Identität *und* gesellschaftliche Relevanz des Glaubens zugleich gefördert werden? Wie können wir also zugleich die Erwartungen und Einstellungen der inaktiven wie der aktiven Kirchenmitglieder wirklich ernst nehmen und ihnen beiden differenzierter als bisher begegnen?

a) Ein ehrliches Ja zu den „treuen Kirchenfernen"

Es wäre für die Kirche verhängnisvoll, wenn sie die große Zahl ihrer inaktiven Mitglieder, also der „treuen Kirchenfernen", wie sie eine neuere Studie der EKD bezeichnet hat, einfach abschreiben oder ihnen pastoral unangemessen begegnen würde; denn über sie wird ja gerade auch ein gewisser *Öffentlichkeitscharakter* der Kirche gewahrt, der sie von einer Freikirche oder gar Sekte unterscheidet. Die Kirche hat vom Selbstverständnis des christlichen Glaubens her ihren gesellschaftlichen Ort eben nicht primär in binnenkirchlichen Gruppen, sondern im Kontext der jeweiligen Kultur und Gesellschaftsordnung, in der sie lebt, für die sie sich einsetzt und mit der sie sich auseinandersetzt. Auch wenn über die inaktiven Mitglieder sicher nur wenig an ausdrücklich christlichen Glaubensgehalten noch an unsere Kultur vermittelt werden kann, so bleiben durch sie doch gewisse Rudimente von christlichen Wertvorstellungen (v.a. im Bereich der Sozialethik und -politik, aber auch des Menschenbildes und der Menschenwürde) in den verschiedensten gesellschaftlichen Gruppierungen präsent. Die aktiven Christen sind heute zuweilen in Gefahr, diese öffentliche Bedeutung des christlichen Ethos zugunsten eines intensiveren kirchlichen Binnenlebens zu unterschätzen. Auch hier bedarf es einer gesunden Selbstrelativierung der Kirche und ihrer aktiven Gemeinden und Gemeinschaften. In Verbindung mit einer sinnvollen Pastoral der Beziehungen zu den „treuen Kirchenfernen" behalten darum gerade in dieser Perspektive die kirchlichen *Verbände* ihren bleibenden Sinn; denn ihre Funktion als gemeinschaftlich verfaßte „Transporteure" authentischen christlichen Glaubens und Ethos in die gesellschaftliche Öffentlichkeit hinein (wenn auch oft nur in Form des „Senfkornes") ist heute noch viel unverzichtbarer als in den vergangenen Epochen einer generell „christentümlichen" Kultur.

Darum noch einmal zurück zu unserer Ausgangsfrage: Wie gehen wir pastoral sinnvoll mit dem Phänomen der genannten Asymmetrie um? Zunächst eine theologische Vorüberlegung: Das 2. Vatikanische Konzil hat in der Kirchenkonstitution (LG 13-16) das Modell der *konzentrischen Kreise* benutzt, um ein offeneres, dialogisches Verhältnis zwischen der katholischen Kirche und den anderen Kirchen, Religionen und Weltanschauungen zu begründen. Dieser Ansatz hat inzwischen auch eine große *inner*-katholische Relevanz erhalten: Wie es nämlich – je nach ausdrücklich gelebtem Glauben – verschiedene Grade der Beziehung und der Zugehörigkeit zum Volk Gottes (im weiteren Sinn) gibt, und nicht nur „drinnen" und „draußen", „Heil" und „Unheil", so kann dies analog durchaus auch für die Kirche im engeren, institutionellen Sinn gelten: eben je nach dem Maß, in dem die grundsätzlich akzeptierte Kirchenmitgliedschaft persönlich aktiviert und die jeweilige Beziehung zur Kirche öffentlich zum Ausdruck gebracht wird; über den existentiellen Glaubens- und Gnadenstand der einzelnen ist damit allein noch nichts ausgesagt.[85]

Wie läßt sich diese Übertragung des Modells der konzentrischen Kreise auf die Glaubenssituation innerhalb der institutionellen Kirche theologisch rechtfertigen? Nun, die Kirche hat seit Beginn der Mission unter den „Heidenchristen" im 1. Jahrhundert die sog. „natürliche Theologie", die *allen* zugänglich ist, und damit die auch außerhalb der biblischen Heilsgeschichte gelebte Religiosität der Völker in sich integriert – und zwar gerade über den Schöpfungsglauben. Sie bezeugt also ihren Glauben nicht in bloßer Negation natürlicher Religiosität, sondern auch in Anknüpfung und Weiterführung. Damit hat die Kirche den Schritt Israels nachvollzogen, in ihrem Credo den „segnenden Gott" der Schöpfung mit dem „rettenden Gott" der Heilsgeschichte zu identifizieren (C. Westermann). Natürlich war und bleibt der Sinn der Integration jeder natürlichen Religiosität, die v.a. eine Beziehung zum segnenden Gott der Schöpfung sucht, die Menschen hinzuführen zum Glauben an den rettenden Gott des Pascha-Mysteriums, zum Gott, der sich in Leben, Tod und Auferstehung Jesu offenbart hat. Aber diese Intention setzt eben doch voraus, daß eine solche natürliche Religiosität in aller Vorläufigkeit ihren legitimen Raum *in* der Kirche hat. Die grundsätzliche Offenheit gegenüber der heilsgeschichtlichen Perspektive des Glaubens ist entscheidend, auch wenn sie sich nicht zu allen Zeiten in der Lage sieht, diesen Schritt konkret zu vollziehen.

Meines Erachtens sind die meisten unserer Zeitgenossen, die nur in bestimmten herausgehobenen Lebenssituationen den Dienst der Kirche in Anspruch nehmen (sofern dies nicht rein aus Gewohnheit oder auf sozialen und familiären Druck hin geschieht), solche Vertreter einer eher „natürlichen Religiosität": Ohne viel mit dem trinitarischen, christologischen und ekklesiologischen Credo anfangen zu können, ohne es aber auch direkt und dezidiert abzulehnen, möchten sie einfach bei bestimmten Anlässen für sich und besonders für ihre Kinder den Segen Gottes erbitten. So diffus ihr Transzendenzbezug auch sein mag, sie spüren doch immer wieder die Ausgesetztheit und Ungesichertheit ihres Lebens und haben so das Bedürfnis, sich einer religiösen Stabilisierung zu vergewissern, und zwar gerade durch die öffentliche Darstellung ihrer Zugehörigkeit zur Kirche.[86] Daß sie sich überhaupt noch an die christlichen Kirchen wenden und nicht an irgendwelche Sekten oder Geschäftemacher (wie z.B. bei der weiterlaufenden Jugendweihe in den neuen Bundesländern), halte ich theologisch für legitim und sollte als Anknüpfungspunkt der Verkündigung dankbar aufgegriffen werden. Darum plädiere ich entschieden für ein ehrliches Ja zu dieser Gruppe von Gläubigen, um ihnen so das Bild einer offenen, einladenden, menschenfreundlichen Kirche zu vermitteln.

Das erfordert allerdings für viele aktive Christen eine deutliche *Korrektur* an ihrer normalen *Perspektive*: Die Menge der getauften „Kirchenfernen" kann dann nicht

mehr rein aus der Perspektive der Kerngemeinde eher ab-
schätzig als „Karteileichen", als „Taufscheinchristen", als
getaufte, aber unbekehrte „Heiden" angesehen werden. Es
gilt vielmehr, sie zunächst aus ihrer *eigenen* Perspektive
heraus zu beurteilen: nämlich als ein großes, in sich sehr
differenziertes Umfeld von „Sympathisanten" oder eben
„inaktiven Mitgliedern", die durchaus wünschen, daß es
diese Institution Kirche und die Werte, für die sie einsteht,
in unserer Gesellschaft gibt, und die bei Gelegenheit auf
ihre Angebote zurückgreifen wollen; sie sind aber in der
Regel keineswegs gewillt, sich zu aktiven Christen umer-
ziehen zu lassen, was wir im Rahmen der Sakramentenkatechese doch gar zu gerne möchten. Wenn wir unsere eigenen Absichten nicht relativieren und uns nicht ernsthaft
auf *ihre,* für uns zunächst sicher sehr enttäuschende Perspektive einlassen können, verlieren wir auf Dauer wohl
einen der wichtigsten pastoralen Berührungspunkte mit
den Menschen unserer Kultur.

b) Die kritische Lage der Sakramentenpastoral

Allerdings – und das ist jetzt der zweite, nicht weniger
wichtige Aspekt einer angemessenen Pastoral: Dieser Re-
spekt vor der anderen Perspektive bedeutet keineswegs,
unsere Perspektive von Glauben, Kirche und Sakramenten
und damit unsere Identität aufzugeben! Im Gegenteil, wir
dürfen die Konfrontation keineswegs scheuen. Denn ein
guter, durchaus auch streitbarer Dialog lebt notwendig
von der Spannung zwischen Offenheit für das Andere und
Entschiedenheit für das Eigene. Das heißt in unserem
Zusammenhang: Die Motivation vieler Menschen, in der
Kirche den Segen Gottes für bestimmte Lebensabschnitte
zu suchen, reicht vielfach nicht aus, um darauf immer
schon mit dem erbetenen *Sakrament* zu antworten. Wenn
wir die Sakramente nicht ganz entwerten und faktisch auf
die gleiche (nur etwas feierlichere und in Vorbereitung und
Durchführung aufwendigere) Stufe mit einer Kinder- oder

Krankensegnung, mit dem Aschenkreuz, dem Blasiussegen, der Beerdigung u.ä. stellen wollen (was sich mit der Zeit außerordentlich demotivierend auf diejenigen auswirkt, die das kirchliche Selbstverständnis der Sakramente noch teilen!); wenn wir nicht die ganze nachkonziliare Sakramententheologie ad acta legen und so tun wollen, als ob die Sakramente doch bloß individuelle „Heilsmittel" ohne besondere kirchliche Konsequenzen wären; wenn wir stattdessen die Sakramente retten wollen und sie im Sinn der ältesten Traditionen als Grundweisen kirchlichen Selbstvollzugs praktizieren, die v.a. aus der nachösterlichen Ursprungs- und Identifikationsphase der Kirche stammen und die Teilhabe am Pascha-Mysterium Jesu Christi und an seinem Leib, der Kirche, gewähren (was den ausdrücklichen Glauben daran voraussetzt) – dann können wir in der veränderten gesellschaftlichen und kulturellen Situation der Kirche mit unserer Sakramentenpastoral nicht einfach so weiterfahren wie zur Zeit der intakten „katholischen Milieus".

Bis vor 25 Jahren konnte man davon ausgehen, daß vor und nach der Sakramentenspendung bei den meisten ein gewisser regelmäßiger, öffentlich greifbarer kirchlicher Bezug gegeben war, der dem jeweiligen Sakrament auch seinen ekklesiologischen „Sitz im Leben" gab. Genau dies ist heute aber immer seltener der Fall; wer als inaktives Mitglied der Kirche bzw. als Kind inaktiver Eltern die Sakramente an den „Lebenswenden" empfängt, bleibt in der Regel auch nach dem Fest und nach noch so intensiver katechetischer Hinführung eher inaktiv in seinem Verhältnis zur Kirche. Darum halte ich die in diesem Zusammenhang oft gebrauchte „Weg-Metapher" (auch im o.g. Schreiben der deutschen Bischöfe) für reichlich euphemistisch; sie trifft immer seltener die Realität. Für die meisten der hier gemeinten Gläubigen handelt es sich bei diesen Festen eher um punktuelle Gelegenheitsbegegnungen mit der Kirche, bei denen eine verbindende, gemeinsam gegangene „Wegstrecke" dazwischen kaum greifbar wird.

Die von Jahr zu Jahr wachsende Enttäuschung und Frustration der ehren- und hauptamtlichen Katecheten und Katechetinnen vielerorts ist also durchaus verständlich. Sie rührt aber zum großen Teil daher, daß wir uns der frommen Selbsttäuschung hingeben, wir könnten durch einen zeitlichen und didaktischen Ausbau der *Katechese* die große Kluft zwischen den Erwartungen dieser „kirchenfernen" Sakramentenbewerber und den Erwartungen der kirchlich Engagierten schließen. Die einen wünschen in der Regel – unter dem Titel Taufe, Kommunion, Firmung und Trauung – eine ausgesprochen festlich gestaltete kirchliche Segensfeier für sich und die Familie; die anderen möchten durch die Sakramente und die Vorbereitung darauf Menschen zu Christus und seiner Kirche führen oder zumindest auf den Weg dorthin bringen.

Wir erfahren dabei aber immer deutlicher die Grenzen unserer Verkündigung: Auch eine noch so gute und lange Katechese kann diesen Graben nicht dauerhaft überbrücken; v.a. deswegen nicht, weil wir die gesellschaftlich-kulturelle Situation dieser Menschen und ihre daraus erwachsenden Motivatonen und Vorstellungen von Glauben, Kirche und Sakramenten doch häufig zu wenig ernst nehmen. Wir versuchen stattdessen viel zu sehr, sie zu bewegen, *unsere* Vorstellungen und Motivationen zu übernehmen, wozu sie aber in der Regel weder willens noch fähig sind. Um des Festes willen sind sie zwar bereit, einiges an katechetischer Belehrung und sonstigen Veranstaltungen auf sich zu nehmen, aber die meisten sind auch entsprechend froh, wenn alles überstanden ist. Die faktische Diskrepanz in den Vorstellungen und Erwartungen bezüglich des Sakramentenempfangs katechetisch zu übergehen, führt unweigerlich zu heimlichen oder offenen Aggressionen auf beiden Seiten, was den Abstand voneinander noch vergrößert.

Der reformierte nordamerikanische Theologe George Lindbeck charakterisiert dieses Phänomen so:

Ihm zufolge bestehen in soziologischen Untersuchungen sehr viele dieser inaktiven Christen darauf, *„genauso christlich zu sein wie die frommen Kirchgänger; und sie behaupten dies interessanterweise selbst dann, wenn sie ein Leben nach dem Tode leugnen und die Existenz eines Schöpfergottes als unwahrscheinlich betrachten. Jesus Christus ist für sie nicht der Sohn Gottes, und ihr Bild von ihm mag sogar in hohem Maße unbiblisch sein, aber sein Name ist Teil ihrer Identität. Sie sind gegenüber der Katechese immunisiert, interessieren sich jedoch manchmal für Übertragungen des Evangeliums in eine existentiale, tiefenpsychologische oder befreiungstheologische Sprache, die ihre latente Christlichkeit artikuliert.*

Die Unmöglichkeit einer wirksamen Katechese in der gegenwärtigen Situation ist teils das Ergebnis der unausgesprochenen Annahme, daß Kenntnis einiger Rudimente der religiösen Sprache schon einer Kenntnis der Religion gleichkomme (obwohl niemand eine solche Annahme über das Lateinische äußern würde). Ein wichtiger Faktor ist jedoch der Charakter der Kirchen in Zeiten fortschreitender Entchristlichung. Im Unterschied zu den Epochen missionarischer Ausbreitung passen sich in der gegenwärtigen Situation die Kirchen der vorherrschenden Kultur an, anstatt sie zu prägen. Und wahrscheinlich können sie auch nicht anders. Sie fahren zwar damit fort, in der einen oder anderen Weise die Mehrheit der Bevölkerung zu vereinnahmen, müssen sich jedoch nolens volens den Trends der Mehrheit anpassen. Das aber macht es ihnen nicht leicht, aufmerksame Katechumenen sogar unter ihren eigenen Kindern anzuziehen; und wenn es ihnen gelingt, dann erweisen sie sich im allgemeinen als gänzlich unfähig, eine wirksame Unterweisung in eindeutig christlicher Sprache und Praxis zu ermöglichen. Und jene, die zum Beispiel eine Alternative zum ‚American way of life' suchen, wenden sich stattdessen den Religionen des Ostens oder divergierenden Ablegern der christlichen Hauptrichtung zu. Wahrscheinlich wird sich dies

*nicht ändern, bis die Entchristlichung weiter fortgeschrit-
ten oder völlig umgekehrt worden ist – was weniger wahrscheinlich ist.* "[87]

Diese Situation ist nach Lindbeck der Preis eines „un-
angenehmen Übergangsstadiums" des Christentums im
westlichen Kulturkreis, nämlich „einst kulturell etabliert
gewesen zu sein, gegenwärtig jedoch noch nicht eindeutig
de-etabliert" zu sein.[88]

c) Gegenakzente

Auch wenn wir vermutlich von uns aus diesen Trend
nicht umdrehen können, so brauchen wir doch nicht einfach passiv oder resignativ den Dingen ihren Lauf zu lassen. Wir können zumindest Akzente setzen, die signalisie-
ren, wie eine offene, einladende Kirche zugleich ihre
christliche Identität auch in dieser kulturellen Übergangs-
situation glaubwürdig zu bewahren versucht. Dazu drei
Vorschläge, die auf längere Sicht allerdings viel an Konsens und Zusammenarbeit weit über Pfarrei- und
Dekanatsgrenzen hinaus erfordern.

(1) Liturgische Differenzierung

Es wird viel davon abhängen, wie phantasievoll wir
das Repertoire an festlichen liturgischen Segensfeiern
ausweiten und ausdifferenzieren können, um nicht auf
alle religiösen Erwartungen fast nur mit einem Sakrament
antworten zu können oder zu müssen.[89] Solange im Bewußtsein der Gläubigen nur die Alternative zwischen
(nüchternem) Wortgottesdienst und (feierlichem) Sakra-
mentsgottesdienst vorherrscht, ziehen sie natürlich immer den letzteren vor. Wenn wir jedoch liturgische Feiern
gestalten können, die von ansprechenden Symbolen, Riten, Gesten, Gesängen usw. geprägt sind, ist zumindest die
Chance größer, daß die Menschen sie als die ihrer Glaubenssituation gemäßere Gestalt der kirchlichen Feier

erkennen und wählen. Wir sollten sie auf jeden Fall dazu ermuntern und motivieren; aber die Entscheidung, welche Form sie dann letztlich vorziehen, muß bei ihnen liegen (es sei denn, wir müßten in Fällen evidenten Unglaubens die „Notbremse" ziehen).

(2) Klärung der Glaubenssituation im Gespräch

Von daher halte ich es für viel sinnvoller, in der Vorbereitung auf eine solche kirchliche Feier nicht sosehr die katechetische Unterweisung über den kirchlichen Glauben in den Vordergrund zu stellen, sondern im Austausch das Bewußtsein für die Glaubens- und Lebenssituation der Sakramentenbewerber zu wecken und zu schärfen; sie zu ermutigen, ihre Motivationen ehrlich und offen zu äußern; sie dann aber auch zu konfrontieren mit dem kirchlichen Sakramentsverständnis, um sie so dazu hinzuführen, den gesellschaftlich hochgeschätzten Wert der Authentizität („ich muß mir selbst treu bleiben") auch im Religiösen gelten zu lassen und nicht auf Druck von Gewohnheiten oder älteren Verwandten ein frommes Theater zu spielen, das nach dem Fest wieder sein Ende hat. Bei solchen Gesprächen können dann auch Kriterien der Wahl einer bestimmten Form der kirchlichen Feier gemeinsam erarbeitet werden, was den einzelnen die Entscheidungsfindung erleichtert. Vermutlich wird dabei auch der Funke eines weitergehenden Interesses an Glauben und Kirche eher geweckt werden als in einer Katechese, die zu schnell die jeweilige Situation und Motivation übergeht, um endlich thematisch „zur Sache" zu kommen. Im ganzen hängt hier sehr viel von einem freundlichen, aber auch entschiedenen Stil der Vermittlung ab, ob es gelingt, den Sinn für Differenzierung und Ehrlichkeit zu wecken.

(3) Katechese „danach"

Mit dieser Überlegung wird die Sakramentenkatechese keineswegs überflüssig. Ich würde sie nur schwerpunktmäßig anders plazieren: nämlich v.a. *nach* der jeweiligen kirchlichen Segens- oder Sakramentsfeier. Denn ob Menschen wirklich ein Sakrament einigermaßen im Sinn des kirchlichen Selbstverständnisses empfangen wollen, wird in der gegenwärtigen Situation meistens erst nach dem Fest deutlich, nämlich dadurch, wieweit sie sich tatsächlich auf den Weg der Nachfolge Jesu *in* seiner Kirche machen wollen. Erst wenn das durch die auch kirchlich wahrnehmbare Praxis in etwa geklärt ist, lohnt sich eine intensive Katechese, die die Zeit *zwischen* den jeweiligen Festen von Taufe, Erstkommunion, Firmung und Trauung wirklich zu einer kirchlich begleiteten „Wegstrecke" für die Familien werden läßt. Ohne diese Wegbegleitung bringt eine Katechese vor dem Fest kaum mehr als der Mathematikunterricht in der Schule für den, der dieses Fach einfach in Kauf nehmen muß, um sein Abitur zu bekommen, und heilfroh ist, wenn er nachher wieder alles vergessen kann.

d) Konkretisierungen für einzelne Sakramente

Was heißt das nun konkret, wenn wir diese Vorschläge in die Praxis umsetzen wollen? Ich würde am ehesten beim Sakrament der *Trauung* ansetzen. Denn da haben wir es mit jungen Erwachsenen zu tun, die eigentlich zum ersten Mal in die Lage kommen, relativ selbständig über ihre religiöse Einstellung nachzudenken und die Weichen für die Zukunft zu stellen. Darum läßt sich hier wohl noch am besten in offenen, natürlich Zeit kostenden Gesprächen Verständnis für einen differenzierteren Umgang mit den Sakramenten wecken.

Gerade wenn es evident ist, daß die glaubensmäßigen und kirchlichen Voraussetzungen für eine sakramentale Ehe nicht gegeben sind und sie auch durch ein „Brautseminar" nicht erfüllt werden können (was ja immer häufiger der Fall ist), kann m.E. das rein formale Faktum des Getauft- und Gefirmtseins nicht so hoch veranschlagt werden, daß es fast allein schon die sakramentale Eheschließung rechtfertigt, die ja zudem für eine gültige Ehe eingefordert wird. Denn die reale religiös-kirchliche Situation solcher Menschen unterscheidet sich oft in nichts von der der Ungetauften und deren Eheschließung. Insofern eröffnet die Möglichkeit einer (nicht sakramentalen) kirchlichen Segnung der standesamtlichen Trauung einen viel größeren pastoralen Spielraum. Sie würde nämlich nicht nur den krassen Widerspruch zwischen einer oft doch sehr leichtfertigen Zulassung zum Ehesakrament einerseits und einer sehr komplizierten kirchlichen Annullierung dieses Ehebandes andererseits abmildern, sondern auch die Chancen eines von der Kirche begleiteten gemeinsamen Weges von dieser Segensfeier bis zu einer vollen sakramentalen Trauung erheblich steigern. In verschiedenen Gesprächen mit Seelsorgern und Seelsorgerinnen habe ich zudem erfahren, daß junge Paare einer solchen Möglichkeit gegenüber durchaus nicht abgeneigt sind, *wenn* sie im Rahmen einer festlich gestalteten kirchlichen Liturgie vollzogen werden kann, die auch für ihre eigenen Vorschläge Raum läßt.

Aber auch bei *Erstkommunion* und *Firmung* kann ich mir vorstellen, die Akzente behutsam in der angedeuteten Richtung zu verlagern. Wo in einer Gemeinde die Religiosität der *inaktiven* Kirchenmitglieder das Klima der Sakramentenvorbereitung immer stärker bestimmt, sollte z.B. die *jahrgangsmäßige* Rekrutierung der Erstkommunikanten und Firmlinge möglichst aufgegeben werden. Sie bringt zwar höhere Zahlen, aber dafür viel weniger Spielraum für persönliche und tragfähige Motivation. Die Frage ist eben: Was von beidem wollen wir? Wir müssen uns entscheiden; beides zusammen bekommen wir nicht mehr. Auch die *Dauer* des Kommunionunterrichts ließe sich in einer solchen Gemeinde sinnvollerweise verkürzen, z.B. auf die Wochen vom Advent bis zum Weißen Sonntag; dabei könnte (in Form von abwechslungsreichen Gruppenstunden mit „normalen" und biblischen Spielen, auf Wochenendfreizeiten und in kleinen „Projekten") das Hauptgewicht darauf liegen, gemeinsam mit den Familien das Fest vorzubereiten, die Kinder (und ihre Eltern!) spielerisch und narrativ an die Gestalt Jesu heranzuführen, einige Grundgebete der Kirche zu lehren, den Sinn für Gemeinschaft und den Geschmack an der Kinder- und Familienpastoral der Gemeinde auch *nach* dem Fest zu wecken (analog bei der Firmvorbereitung).[90]

Wichtig scheint mir dabei, daß die Kraft unserer ehren- und hauptamtlichen Mitarbeiter und Mitarbeiterinnen mindestens genauso stark in eine attraktive kirchliche Familien-, Kinder- und Jugendpastoral *nach* der Erstkommunion bzw. Firmung investiert werden wie bislang *davor* (also z.B. in eine altersgerechte „Meßdienerkultur", in soziale Projekte für Jugendliche, in Taizé-Kreise, in Gesprächsangebote für junge Familien über religiöse Erziehung u.ä.); in *deren* Rahmen hat dann auch eine entfaltetere Kommunion-, Beicht- oder Firmkatechese ihren kirchlich-sozialen Raum. Das (vielleicht noch utopische) „Fernziel" dieser Konzeption wäre z.B. ein Weißer-Sonntag-Nachmittag für alle, die die (längere oder kürzere) Vorbereitungszeit mitgemacht haben: „summa cum pompa", aber nicht unbedingt verbunden mit der Erstkommunion im Rahmen einer Eucharistiefeier, sondern eher als Feier des gesegneten und geteilten Brotes (im Sinn von Joh 6,1-15). Die sakramentale Erstkommunion könnte zu einem späteren Zeitpunkt und an einem anderen kirchlichen Festtag mit denen gefeiert werden, die auch nach dem Weißen Sonntag zum Gottesdienst der Gemeinde kommen und sich irgendwie in die kirchliche Kinderseelsorge integrieren. Ähnliches ließe sich für die Firmung vorstellen, die vielerorts das am meisten „heruntergekommene" Sakrament ist, was Motivation und Verständnis der Firmlinge angeht.[91]

Bei der *Taufe* sehe ich momentan noch die größten Schwierigkeiten, die Kluft zwischen hochkarätiger Tauftheologie und normaler Taufpraxis, nach der die Kinder auch aus „kirchenfernen" Familien unterschiedslos getauft werden, zu überbrücken. Einfach deswegen, weil die Taufe bei uns gesamtkulturell noch am stärksten mit mythologisch-theologischen Restbeständen versehen ist und darum weithin noch als *das* „heilsgarantierende" Zeichen gilt, das dem Kind auf keinen Fall vorenthalten werden darf; darüber hinaus bewirkt es die Mitgliedschaft in der Kirche und eröffnet damit die Möglichkeit, nicht nur Aufnahme im kirchlichen Kindergarten zu finden, sondern auch alle anderen Sakramente zu empfangen, ob man ihren Sinngehalt glaubt oder nicht. Natürlich lassen sich gerade bei diesem Sakrament bestimmte Riten ausgliedern, die mehr auf eine Kinder- und Elternsegnung, auf eine Aufnahme in die Kirche und auf einen katechetisch gut begleiteten Weg hin zur Taufe abheben; auch sollten wir in den Taufgesprächen alles versuchen, den Eltern solche Möglichkeiten zu empfehlen und damit das geläufige Tauf- und Sakramentsverständnis im guten Sinn zu „entmythologisieren".

Hilfreich scheint mir in dieser Hinsicht auch eine gute pastorale Begleitung der Großeltern unserer Täuflinge zu sein; denn sie üben in der Regel noch den größten Druck aus, das Kind auf jeden Fall taufen zu lassen, ganz unabhängig vom kirchlichen Standort der Eltern. Wenn wir der Großelterngeneration (z.B. durch regelmäßige Gespräche im Altenclub der Gemeinde über dieses Thema) klar machen könnten, daß das Kind auch ohne Taufe von Gott unbedingt geliebt ist und es darum auch ganz gewiß nicht in die Hölle kommt, wenn es plötzlich ungetauft sterben sollte; daß im Gegenteil die Taufe ohne nachfolgende kirchliche Glaubenspraxis der Eltern und Paten (also z.B. ohne regelmäßiges Gebet der Eltern mit dem Kind u.ä.) keineswegs eine „Heilsgarantie" bedeutet – wenn uns diese Überzeugungsarbeit ein wenig besser gelingen sollte, ließen sich auch hier leichter differenzierende Akzente setzen.

Dennoch vermute ich, daß trotz allem der Widerstand gegen eine Differenzierung bei der Taufe noch am stärksten sein wird. Es hat nun wenig Sinn, die Konfrontation an diesem Punkt zu weit zu treiben; sie würde mit ziemlicher Sicherheit sehr kontraproduktiv für uns enden, indem sie übermäßig starke Aggressionen gegenüber der Kirche hervorriefe und uns selbst der Möglichkeit fast aller späteren Anknüpfungspunkte zur Verkündigung beraubte. Hier gilt es einfach klug abzuwägen, das langfristige Ziel der Differenzierung im Auge zu behalten und ansonsten wachsam die kulturelle Entwicklung zu beobachten, die uns vermutlich mit der Zeit doch mehr Möglichkeiten einer situationsgerechteren Taufpastoral (z.B. in Form einer regelmäßigen „Familienkatechese" für junge Familien zwischen Taufe und Erstkommunion ihrer Kinder, wie A. Biesinger vorschlägt.[92]) bescheren wird. Allerdings ist auch damit zu rechnen, daß sich gerade bei inaktiven Mitgliedern mehr und mehr die Überzeugung durchsetzt, die Kinder sollten irgendwann selbst über ihre Taufe entscheiden, weil sie ihnen von sich aus religiös ohnedies nicht mehr viel mitgeben können oder wollen.

Soweit einige Konkretisierungen. Da ich seit fast 20 Jahren in der Kinder- und Jugendpastoral einer Gemeinde und eines Kinderheimes mitarbeite, bin ich mir voll bewußt, wie bruchstückhaft und hypothetisch die Vorschläge sind. Auch die Schwierigkeiten und Widerstände, die sich ergeben, wenn es im konkreten *Einzelfall* um solche Differenzierungen geht, sind mir bekannt. Nicht zuletzt stabilisiert auch das System der staatlich eingezogenen Kirchensteuer die verbreitete Mentalität: „Wenn ich ordentlich zahle, dann steht mir auch alles zu, was die Kirche zu bieten hat, Glaube hin oder her." Dennoch haben mich viele Gespräche mit Haupt- und Ehrenamtlichen aus den verschiedensten deutschsprachigen Diözesen davon überzeugt, daß es sich lohnt, in der angedeuteten Richtung weiterzudenken und zu experimentieren. Schließlich geht es um eine *ehrlichere* und darum überzeugendere Kirche für die Zukunft. Die Zeit, in der es uns gelang, „durch Institutionalisierung" (z.B. flächendeckende Sakramentenspendung) „den Konsens erfolgreich zu überschätzen" (N. Luhmann), ist mit dem Ende der katholischen Milieus unwiederbringlich vorbei. Eine differenzierte kirchliche Landschaft erfordert eine differenzierte Pastoral, wie auch immer. Es hängt viel davon ab, ob wir mit einem gelassenen und mutigen Herzen manche gewohnten Pfade verlassen können, um uns auf die Suche nach einer neuen Gestalt von Kirche in unserer Kultur zu machen.

4. Die zunehmende Bedeutung „kommunikativer Glaubensmilieus"

a) Räume gemeinsamen Glaubens

Neben dieser für eine größere Öffentlichkeit erfahrbaren Veränderung der Sozialform von Kirche zeichnen sich erfreulicherweise auf der „unteren" Ebene (sei es in ganz „normalen" Gemeinden oder auch unabhängig von ihnen) einige zukunftsträchtige Entwicklungen ab, die es viel bewußter (gerade von den Hauptamtlichen) aufzugreifen und zu begleiten gilt. Sie beziehen sich auf das, was man häufig unter den „religionsproduktiven" Elementen (K. Gabriel) in unserer postmodernen Kultur versteht und die sich innerkirchlich besonders in neuen geistlichen Bewegungen (aber keineswegs nur dort!) ausbreiten. Je mehr diese neuen Weisen gemeinsamen Glaubenslebens, die ich als „kommunikative Glaubensmilieus" bezeichne, in unsere Pfarrgemeinden integriert werden können, um so höher stehen die Chancen, daß solche Gemeinden spirituell und kommunikativ nicht austrocknen, sondern einen (vielleicht unscheinbaren, aber doch lebensfähigen) Gegenakzent zum allgemeinen Trend setzen können. Auch die oben skizzierten „profilierten Gemeinden" dürften sich auf längere Sicht vor einem Absinken zu oberflächlichen religiösen „Erlebnisräumen" nur dann schützen, wenn in ihrer Mitte und an ihrer Basis solche kleinen Zellen lebendigen Glaubens wachsen.[93] Ich möchte hier einige wichtige *Kennzeichen* solcher „Glaubensmilieus" aufführen:

(1) „Beziehungskirche"

Damit ist gemeint, daß diese Gruppierungen auf frei
und bewußt eingegangenen Beziehungen der einzelnen zueinander beruhen, wobei die Grenzen der jeweiligen Ortsgemeinden eher relativiert werden. Den treffenden Ausdruck „Beziehungskirche" hat K. Nientiedt geprägt.[94]
Darin klingt einerseits der heute hochgeschätzte Wert einer auf persönlicher Entscheidung beruhenden Gemeinschaft an, anderseits aber auch die ganze Zerbrechlichkeit
und Riskantheit einer primär auf Beziehung gegründeten
Kirchengestalt („Beziehungskiste"). Und doch scheint sie
wegen ihres freien, auf der *eigenen* Zustimmung beruhenden Charakters eine angemessene Weise gegenwärtiger und zukünftiger Kirchlichkeit zu sein.

(2) Biographienaher Glaube

In solchen Gruppen gelingt es leichter, die persönliche
Lebens- und Glaubenssituation der einzelnen, also ihre eigene „Glaubensbiographie", ausdrücklich zur Sprache zu
bringen und so mit dem allgemeinen kirchlichen Glauben
und Leben zu verschränken. Dies geschieht v.a. durch das
gemeinsame Gespräch über den Glauben und seine Beziehung zum Leben, durch Bibelgespräche, durch persönlich
gestaltete Gebete und Gottesdienste, durch gemeinsames
Meditieren und Beten, aber auch durch daraus erwach-
sende Initiativen für die Gemeinde, für Notleidende oder
für aktuelle gesellschaftliche Fragen.[95] Immer geht es
darum, einen Raum für Glaubenserfahrungen zu eröffnen,
in dem nicht religiöser Betrieb, Organisation und Anony-
mität die Atmosphäre prägen, sondern vielmehr der Sinn
für das „heilige Geheimnis" unserer Wirklichkeit (K.
Rahner), für die Gegenwart dieser unbegreiflichen Liebe
auf dem Grund aller Dinge. Die *Individualisierung* im
Glauben kann nur durch ihre Vertiefung zur *Personalisierung* im Glauben aufgefangen und überwunden werden:
eben durch den Aufbau einer personalen Beziehung zu
Gott und untereinander. Das wird m.E. auch eine zentrale

Aufgabe von Priestern und anderen Hauptamtlichen in der Kirche sein, sofern sie sich wirklich als Seelsorger und Seelsorgerinnen verstehen. Jedenfalls wird gerade das heute mit Recht von ihnen erwartet.

(3) Neue „Milieus"

Solche neuen Gemeinschaftsformen integrieren Glauben und Gottesdienst in den Rahmen ganz normaler menschlicher Lebensvollzüge und befreien sie so vom Stigma des exklusiv Feiertäglichen – also z.B. durch eine gemeinsame Sonntagsgestaltung, durch gemeinsame Mahlzeiten, Feste, Reisen, Spiele usw. Dies übernehmen sie (selektiv) vom traditionellen „Milieukatholizismus". Ohne ein solches Ambiente werden sie sonst leicht esoterisch und elitär.

(4) Freundschaft mit den Armen

Diese Gruppen wissen (hoffentlich) um die Gefahr des um sich selbst kreisenden Nischendaseins und öffnen sich darum immer wieder neuen Mitgliedern, neuen Anfragen und Herausforderungen, v.a. von seiten der Armen. Angesichts der hohen Introvertiertheit der westlichen „Erlebnisgesellschaften" gerade gegenüber der Armut im eigenen Land und jenseits ihrer Grenzen sehe ich die entscheidende Herausforderung dieser neuen Sozialformen des Glaubens darin, ob und in welchem Maß sie den „Armen" (in ihren vielfältigsten Erscheinungsformen) in ihrer Mitte Raum geben. Statt der (oft einfach an die Caritas delegierten) Sorge *für* die Armen geht es dabei v.a. um das Leben *mit* den Armen, um das freundschaftliche Teilen des Lebensraums und der Lebensvollzüge mit ihnen.

Bekanntlich stellt die Diakonie in unserer Gesellschaft heute den höchsten Plausibilitätsfaktor für die Akzeptanz von christlichem Glauben und Kirche überhaupt dar. Wo dieser Anknüpfungspunkt auf genuin *christliche* Weise wahrgenommen wird, kommen Sammlung *und* Sendung einer Gemeinde ganz neu zur Geltung. Aus meiner „Arche"-Arfahrung möchte ich behaupten: Es gibt keinen größeren Segen für die Einheit und Ausstrahlungskraft einer Pfarrgemeinde oder einer sonstigen christlichen Gemeinschaft als diese handgreifliche Präsenz Christi in den Armen „mitten unter uns". Solche „sinnenfällige" Rückkehr der Kirche zu ihrem Ursprung in der Verkündigung Jesu weckt vielleicht die ansprechendste Vision einer zukünftigen Gemeinde: ein Gleichnis der Freundschaft Gottes mit den Armen zu sein.

b) Die sog. „neuen geistlichen Bewegungen"

Eine besonders ausgeprägte Form solcher „kommunikativer Glaubensmilieus" bilden zweifellos die „neuen geistlichen Bewegungen". Sie stellen insofern eine authentische christliche Antwort auf die Herausforderung der gegenwärtigen kulturellen Situation dar, als sie ausdrücklich kirchliche „Communio" unter den Bedingungen moderner Individualisierung zu leben versuchen. Ich denke da z.B. an die Kommunität von Taizé und das von ihr getragene geistliche Zentrum; oder an die Lebensgemeinschaften mit Behinderten in der „Arche"; oder an die verschiedenen Gemeinschaften, die aus der Spiritualität Charles de Foucaulds leben; oder an die „Gemeinschaften christlichen Lebens (GCL), die in der ignatianischen Tradition der Exerzitien und der früheren „Marianischen Congregationen" (MC) stehen; oder an die Franziskanische Gemeinschaft, die „Jesuit European Volunteers" (JEV), die charismatische Gemeindeerneuerung, die Fokolarbewegung, Cursillo, Neokatechumenat, Aktion 365, Kreis junger Missionare (KIM), „Für eine bessere Welt" (P. Lombardi), Integrierte Gemeinde, Equipes Notre Dame, Marriage Encounter, Gemeinschaft der Seligpreisungen, die Schönstatt-Bewegung und viele andere.[96] Inwiefern können sie als besondere Zeichen der Hoffnung in der gegenwärtigen Situation der Kirche gedeutet werden?

(1) Charakteristische Kennzeichen

Vom allgemeinen Wortgebrauch her meint „Bewegung" im gesellschaftlichen Bereich einen „Aufbruch", ein „In-Bewegung-Geraten", eine Veränderung und Erneuerung der bestehenden Zustände als Antwort auf die jeweiligen geschichtlichen Herausforderungen (vgl. z.B. die verschiedenen politischen und sozialen Bewegungen in Vergangenheit und Gegenwart). In der Geschichte des Glaubens kennen wir z.b. die altkirchliche Mönchsbewegung, die mittelalterliche Armutsbewegung, die „katholische Bewegung" des 19. Jahrhunderts (wozu Namen wie Clemens Maria Hofbauer, Johann Michael Sailer, Franz von Baader, Josef Görres gehören), die Jugendbewegung und die Liturgische Bewegung in der ersten Hälfte dieses Jahrhunderts usw. In der Tradition solcher kirchlicher Bewegungen dürften auch viele der neueren geistlichen Bewegungen stehen. Denn angesichts einer drohenden geistlichen Austrocknung und einer strukturellen Überforderung vieler unserer großen Pfarreien, Verbände und anderer kirchlicher Institutionen bieten sie Alternativen, in denen der christliche Glaube einen existentiell tragfähigen sozialen „Lebensraum" findet.

Bei allen recht großen Unterschieden in der spirituellen Akzentsetzung, in der innerkirchlichen Standortbestimmung und im empirischen Erscheinungsbild lassen sich vielleicht doch einige gemeinsame *Kennzeichen* festhalten:

1. Es sind Gemeinschaften mit – im Vergleich zu den Orden oder Verbänden – eher *flexiblen* (aber gerade nicht unverbindlichen!) *Strukturen*, da sie eine Mitgliedschaft, auf Zeit oder lebenslang, auch in verschiedenen Stufen der Bindung ermöglichen, ebenso den Zusammenschluß von sehr unterschiedlichen Altersstufen, Berufsgruppen, sozialen Schichten, Lebensständen (verheiratet oder nicht), ja sogar von Konfessionen und Religionen.

2. Sie pflegen ein *kommunikatives Gemeinschaftsleben*, das die persönliche Glaubensbiographie der einzelnen

berücksichtigt und sich in einem einfachen Lebensstil nach den Seligpreisungen Jesu ausdrückt.

3. Sie machen sich immer neu auf die Suche nach einer *ganzheitlichen Glaubenserfahrung*, v.a. durch die intensive Pflege des persönlichen Gebetes und der Meditation, durch gemeinsame Glaubensgespräche, lebendige Gottesdienste, geschwisterliche Korrektur, durch Räume der Vergebung und der Versöhnung u.a.

4. Sie haben ein *lebendiges Sendungsbewußtsein* im Dienst der Vertiefung des Glaubens und der Erneuerung der Kirche inmitten einer säkularen Kultur.

Für viele Menschen heute wirken sie wohl deswegen so anziehend, weil sie gegenüber den kulturchristlichen oder ritualistischen Verkürzungen des Glaubens eine geistliche *Erfahrung* im Glauben ermöglichen. Sie sind auf der Suche nach dem „inneren Verspüren und Verkosten" des Evangeliums (Ignatius v. Loyola) und geben der Kultur der „geistlichen Sinne" großen Raum in ihrer Spiritualität. Auch wenn für manche Beobachter das Gefühls- und Erlebnismäßige dabei zu hoch veranschlagt wird, geht es im Kern doch um das Berührtwerden der existentiellen Mitte des Menschen in seiner glaubenden Beziehung zu Gott und in seiner Liebe zum Nächsten. Die bewußte Entscheidung zum Glauben, die Erfahrung seiner Schönheit und das gemeinsame Einandertragen befähigen solche Christen, ihre konkrete Lebenswelt im Geist des Evangeliums zu gestalten und so mitten in unserer Gesellschaft missionarisch zu wirken.

(2) Die innerkirchliche Herausforderung

Es fällt auf, daß auch aus den Reihen der eher „Kirchenfernen" viele sich zu diesen Gemeinschaften hingezogen fühlen; ihnen zeigt sich hier wohl Kirche in einer überraschenden Menschlichkeit und Unmittelbarkeit. Dagegen tun sich viele der aktiv Engagierten in unseren Gemeinden, Verbänden, Orden und kirchlichen Einrichtungen oft sehr schwer mit diesen neuen geistlichen

Bewegungen. Sicher mag manches enthusiastische Gebaren in *einigen* solcher Gemeinschaften unsere eher nüchternen „Normalverbraucher" abschrecken, z.B. das den pfingstkirchlichen Gottesdiensten und Missionsmethoden entnommene öffentliche Bekenntnis von Schuld, Bekehrung und neuer Sinnfindung durch Jesus, die Lust an außergewöhnlichen religiösen Erfahrungen (Heilungen, Ekstasen u.ä.) oder das spontane, freie, lange Beten und Singen. Auch schlechte Erfahrungen mit unguten, zelotenhaft-übereifrigen Polarisierungen durch solche Gruppen innerhalb der Pfarrgemeinde spielen da eine Rolle. Zudem stößt manche auch die theologische, kirchen- und gesellschaftspolitische „Rechtslastigkeit" einiger dieser Bewegungen ab; und schließlich ist auch die Gefahr einer religiösen Nischenkultur in solchen Gruppierungen nicht zu leugnen.

Trotz alledem: Ich frage mich, ob nicht der Grund der manchmal recht aggressiven Ablehnung *auch* darin liegt, daß eine *intensive* Glaubens- und Gebetsgemeinschaft allein schon durch ihre Existenz mitten in einer „normalen" Pfarrei oder Gemeinschaft die eigene, gewohnheitsmäßig und relativ oberflächlich ablaufende Glaubenspraxis stark in Frage stellt. Man spürt, daß hier authentischere Wege des gemeinsamen Glaubens gesucht werden, ist aber selbst nicht bereit, sich auf sie einzulassen und sein Leben so fundamental vom Glauben, zumal vom *gemeinsamen* Glauben bestimmen zu lassen. Hier bedarf es einer sensiblen Geduld und Gelassenheit von allen Seiten, um zerstörerische Polarisierungen zu vermeiden und dabei doch nicht den nötigen gegenseitigen Entwicklungsprozeß zu verhindern. Die Bedeutung, die wir solchen Neuaufbrüchen auch in unseren Pfarrgemeinden und Gemeinschaften zumessen, kann sich heute sehr segensreich gerade bei der Vermittlung des Glaubens an jüngere Menschen auswirken. Denn es geht ja nicht darum, einfach das „Stammpersonal" unserer Gemeinden zu verjüngen, sondern darum, Menschen auf den Weg einer persönlichen Begegnung mit Christus zu bringen. Erst dabei können sie überhaupt ihre eigene christliche und kirchliche Berufung entdecken. Darum sollten wir sie immer wieder ermutigen, so etwas wie eine „geistliche Entdeckungsfahrt" innerhalb einer solchen (vernünftigen) Gemeinschaft anzutreten.

Je aufgeschlossener sich darüber hinaus unsere Gemeinden zeigen, bestimmte Elemente der Spiritualität solcher geistlicher Bewegungen aufzugreifen (in Gottesdiensten, sozialem Einsatz, Gebets-, Bibel- und Familienkreisen, in Gemeindeversammlungen u.ä.), um so eher werden die „normalen" Gemeinden nicht als Konkurrenz oder (negativer) Kontrast zu ihnen erlebt. Denn gerade in den geistlichen Bewegungen läßt sich einiges von der Kunst erlernen, die oben skizzierte Individualisierung im Glauben zu einer „Personalisierung" umzuwandeln. Weil hier die personale Begegnung der Glaubenden mit Gott und untereinander eindeutig im Vordergrund des gemeinsamen Lebens steht, kann es den einzelnen etwas leichter fallen, ihre Individualität nicht zur subjektiven Beliebigkeit oder Egozentrik verkommen zu lassen, sondern sie zu öffnen auf eine liebesfähige „Selbstfindung" hin.

Die größte Chance dieser Bewegungen liegt jedoch noch in einem anderen Punkt: Sie können *die* authentisch christliche und lebenspraktisch sich bewährende Antwort des Glaubens auf viele religiöse und quasi-religiöse Bedürfnisse der Menschen unserer Gesellschaft sein; eine Antwort, die man den hochinstitutionalisierten Kirchen nicht mehr zutraut und die man darum heute am ehesten bei den verschiedensten naturmystischen, neognostischen und esoterischen Strömungen sucht (s.o.). Die Sehnsucht nach ganzheitlicher, Seele und Sinne miteinbeziehender Religiosität; der Wunsch nach „Selbstverwirklichung" durch das Freisetzen tiefer Selbstheilungskräfte im Menschen; das heilmachende Einschwingen in das kosmischgöttliche Geheimnis unserer Wirklichkeit; die Suche nach alternativen Lebensstilen im persönlichen und gesellschaftlichen Bereich; die intensive Gruppenerfahrung – das alles dient bestimmten geistlichen Bewegungen als legitime *Anknüpfungspunkte* für eine neue Glaubensverkündigung in einer „postmodernen" Kultur. Der von vielen so gesuchte „Weg zu einer gemeinsamen Schöpfung" (Taizé) führt christlich wohl am ehesten über solche Gemeinschaften und Gemeinden, die versuchen, mitten in dieser Welt ein wirksames „Ferment der Versöhnung" (R. Schutz) zu sein – mit sich selbst, mit den anderen, mit der ganzen Schöpfung, mit Gott.

Schlußbetrachtung[97]:
„*Es ist was es ist, sagt die Liebe*" (E. Fried)

Ein bekanntes Gedicht des österreichischen Schriftstellers Erich Fried (1921-1988) trägt den Titel: „Es ist was es ist"[98]. Es bildet den Schluß der Gedichtsammlung „Fall ins Wort", in der verschiedene Texte dieses gesellschafts- und kulturkritischen Poeten, der seit 1938 als jüdischer Emigrant im Exil in London lebte, aus den Jahren 1944-1983 zusammengefaßt sind.

Es ist Unsinn
sagt die Vernunft
Es ist was es ist
sagt die Liebe

Es ist Unglück
sagt die Berechnung
Es ist nichts als Schmerz
sagt die Angst
Es ist aussichtslos
sagt die Einsicht
Es ist was es ist
sagt die Liebe

Es ist lächerlich
sagt der Stolz
Es ist leichtsinnig
sagt die Vorsicht
Es ist unmöglich
sagt die Erfahrung
Es ist was es ist
sagt die Liebe

Ein Gedicht, das wir vermutlich mit Sympathie und Zustimmung auf manche persönliche Beziehung oder auf manche Krisen, Gefährdungen und Verirrungen in unserem Leben anwenden können: Allen Einwänden zum Trotz nimmt die Liebe den anderen oder die gegebene Realität an, wie sie ist. Keineswegs resignativ, etwa mit dem Unterton: „Da kann man eh nichts ändern". Nein, die Liebe gibt nichts und niemanden auf: „sie hofft alles" (1 Kor 13,7). Aber sie setzt dabei auf die Kraft der Annahme und der Bejahung des anderen und seiner Realität, die aller Veränderung zugrundeliegt und sie erst in Gang bringt. Sie teilt die alte Erfahrung der Kirchenväter, die auch C. G. Jung wieder aufgegriffen hat: „Was nicht angenommen ist, kann nicht geheilt werden."

Ist es vermessen, diesen Text auch auf die *Kirche* zu beziehen? Und zwar nicht auf eine erträumte Kirche, sondern auf die real erfahrbare Kirche unserer Gegenwart? Viele werden sich spontan dagegen sträuben, z.T. durchaus mit berechtigten Gründen: Eine personale Beziehung wie die Liebe ist nicht einfachhin auf eine Institution zu übertragen; das Gegenüber von einzelnen und einer Institution ist etwas anderes als das Gegenüber zweier Personen, eben viel distanzierter, formaler, objektivierter. Eine zu leichtfertige Übertragung persönlicher Beziehungsmuster auf das Verhältnis zu einer Institution kann darum leicht zur Verdrängung, zur Immunisierung und zur Spiritualisierung struktureller Defizite und Mißbräuche führen. Die Kirchengeschichte ist voll von solchen abschreckenden Beispielen.

Und doch: Auch als Institution stellt die Kirche eine soziale Größe dar, die von *Menschen* gebildet und getragen wird, die darum – bei aller faktisch entstandenen Distanz zu den konkreten Menschen – doch das Recht auf eine analoge menschliche Beziehung zu ihr hat. Weil ich der glaubenden Überzeugung bin, daß auch aus der Kirche als Institution der Geist Gottes nicht gewichen ist, daß sie also trotz aller Verfehlungen und Verkrustungen ihren

Charakter als Volk Gottes, als Leib Christi, als „Ikone"
des dreifaltigen Gottes nicht verloren hat; weil ich also
die Ebene des Credo nicht verlassen will: „Ich glaube, daß
Gottes Geist die Kirche einigt, heiligt, universal und
apostolisch macht" – darum kann ich der Konsequenz
nicht ausweichen, daß es gegenüber dieser Kirche *analoge*
Beziehungen gibt, die bei allen Unterschieden vergleichbar sind mit zwischenmenschlich-personalen Beziehungen, also auch eine persönliche „Liebe zur Kirche". Zumal: Die Kirche ist ja nicht primär eine Großorganisation
zur Verwaltung der christlichen Tradition, sondern theologisch und erfahrungsmäßig auf den verschiedensten
Ebenen gemeinsamer und persönlicher *Glaubens*vollzüge
angesiedelt. Die gegenwärtige einseitige Fixierung der öffentlichen Wahrnehmung auf die institutionelle Gestalt
der Kirche ist zweifellos sehr kulturbedingt und sollte daher keineswegs zu einem prinzipiellen antitheologischen
und antipersonalen Kirchenverständnis verfestigt werden.

Unter diesen Voraussetzungen möchte ich das Gedicht
von E. Fried einmal aktualisieren auf die Kirche hin;
gleichsam als eine moderne Variante des alten ignatianischen „sentire in ecclesia", des Fühlens in und mit der
Kirche, das zu allen Zeiten, von seinem Ursprung in der
Reformationszeit an bis heute, provozierend gewirkt hat.
Dabei möchte ich noch einmal betonen: Wenn die Liebe
sagt: „Es ist was es ist", behauptet sie nicht, daß sie einfachhin mit allen Mißständen einverstanden ist und alles
beim Alten belassen will; sie sagt nur: „Ich nehme die Realität der Kirche wahr, ich nehme sie an und bejahe die Kirche *in* und oft genug *trotz* dieser ihrer Realität; und ich
hoffe, daß gerade aus dieser liebenden Annahme die Kraft
und die Phantasie zur Umkehr, zur heilenden Veränderung in der Kirche, gerade auch in ihren sündigen Strukturen wächst."

Wie könnte E. Frieds Gedicht klingen, wenn wir es auf
die Kirche beziehen? Vielleicht so:

Es ist Unsinn, sagt die Vernunft,
daß in der Kirche nur unverheiratete Männer
zum amtlichen Dienst geweiht werden können.
Die theologischen Argumente reichen
vorne und hinten nicht.

Es ist, was es ist, sagt die Liebe,
und gibt sich dennoch nicht damit zufrieden.

Es ist Unglück, sagt die Berechnung,
daß die Reformbewegung des letzten Konzils
wieder gebremst
und so der Weg der Kirche ins dritte Jahrtausend
unnötig erschwert wird.

Es ist nichts als Schmerz, sagt die Angst,
daß die Kirche in Mitteleuropa ihre Jugend
und ihre Zukunft zu verlieren scheint.

Es ist aussichtslos, sagt die Einsicht,
daß die Menschen sich einmal ganz und gar
zur Bergpredigt Jesu bekennen
und so die Erde zum Gleichnis
des Reiches Gottes werden lassen.

Es ist, was es ist, sagt die Liebe,
und hofft unverdrossen ‚gegen alle Hoffnung' weiter.

Es ist lächerlich, sagt der Stolz,
daß sich über zweieinhalbtausend Ortskirchen
von einer römischen Zentrale bevormunden lassen
und nicht entschiedener
auf dem theologisch verbrieften Recht
einer echten Vielfalt in der Einheit bestehen
und auf deren struktureller Ausgestaltung beharren.

Es ist leichtsinnig, sagt die Vorsicht,
daß heute in der Kirche jeder einzelne
und jede Ortskirche tun und lassen möchte,
was er oder sie will;
daß es einen fast unüberschaubaren Pluralismus
von Theologien, Glaubensweisen, Moralvorstellungen
und liturgischen Gebräuchen gibt.
Wie leicht kann die katholische Einheit zerbrechen!

Es ist unmöglich, sagt die Erfahrung,
daß die reichen Kirchen des Westens
sich freiwillig zur Armut des Evangeliums bekehren
und in freundschaftlicher Sympathie
mit den armen Kirchen des Südens
auch für sich den Lebensstil
der Seligpreisungen übernehmen.

Es ist, was es ist, sagt die Liebe,
und vertraut in ihrem Handeln auf die Kraft
des Heiligen Geistes, des Vaters der Armen,
der das Erstarrte löst, das Getrennte eint
und dem Geeinten seine Verschiedenheit wahrt.

Anmerkungen

[1] Aus: Wilhelm Willms, der geerdete himmel. wiederbelebungsversuche, Verlag Butzon & Bercker, Kevelaer [7]1986, 2.2. Mit freundlicher Genehmigung des Verlags.

[2] B. Rootmensen, Vierzig Worte in der Wüste, Düsseldorf 1991; ders., Oasen in der Wüste, Düsseldorf 1995.

[3] Vgl. dazu bes.: F. X. Kaufmann, Religion und Modernität, Tübingen 1989; U. Altermatt, Katholizismus und Moderne, Zürich 1989; K. Gabriel, Christentum zwischen Tradition und Postmoderne (QD 141), Freiburg [4]1995; M. Kehl, Die Kirche, Würzburg [3]1994; H. J. Höhn, Gegen-Mythen. Religionsproduktive Tendenzen der Gegenwart (QD 154), Freiburg 1994; K.-F. Daiber, Religion unter den Bedingungen der Moderne, Marburg 1995; Glauben ohne Kirche. Neue Religiosität als Herausforderung für die Kirchen, hg. von der Ev. Akademie Baden und der Kath. Akademie Freiburg, Freiburg-Karlsruhe 1995.

[4] Vgl. M. Kehl, Kirche in der Fremde, in: Stimmen der Zeit 211 (1993) 507-520.

[5] Vgl. dazu auch D. Mieth, Die Fremdheit Gottes in Mystik und Moderne, in: Bulletin der Europäischen Gesellschaft für katholische Theologie 6 (1995) 44-57.

[6] Vgl. M. Bongardt, Entschieden ratlos, in: Pastoralblatt 43 (1991) 39-51.

[7] „Viele, die heute als Kirchenkritiker in der Öffentlichkeit das Wort führen, befinden sich noch in einem unbewältigten Ablöseprozeß von der Kirche. Da kann auch viel Haßliebe im Spiel sein. Man hat ein fernes Idealbild von der Kirche und bekämpft eben um so heftiger das Realbild. Man erwartet von der Kirche immer noch viel und ist gerade deshalb hart im Urteil. Und was wohl noch entscheidender ist: Man sieht die Kirche noch, hört aber deren Botschaft nicht mehr. Anstatt sich allzusehr durch solche pubertären Ablösekämpfe einer von der Kirche sich entfernenden Generation irritieren zu lassen, sollte die Kirche deshalb nachdrücklicher auf die nachkommenden Generationen setzen. Sie wachsen mehr oder weniger ohne Berührung mit der Kirche auf, sie wissen von ihr so gut wie nichts mehr – besonders gilt das für den Bereich der neuen Bundesländer –, haben aber auch nicht mehr unter ihr gelitten und schleppen deswegen auch weniger Vorurteile mit sich herum. Wo die Vorurteilsbarrieren niedriger sind, kann auch wieder unvoreingenommener auf die kirchliche Botschaft gehört werden" (D. Seeber, in: Herder-Korrespondenz 47, 1993, 113).

[8] Vgl. dazu die in Anm. 3 genannte Literatur; ferner: U. Beck, Die Risikogesellschaft. Auf dem Weg in eine andere Moderne, Frankfurt a.M. 1986; M. Kehl, Der Universalitätsanspruch der Kirche in einer

multikulturellen Welt, in: Die eine Welt und Europa. Salzburger Hochschulwochen 1995, hg. von H. Schmidinger, Graz 1995, 249-278.

[9] Z.B. bei F. X. Kaufmann, Religion und Modernität, Tübingen 1989, 217.

[10] J. F. Lyotard, Postmoderne für Kinder, Wien 1987, 32ff.

[11] Vgl. U. Beck, Die Risikogesellschaft, a.a.O., 14 u. 251ff.

[12] Vgl. dazu auch E. Salmann, Der geteilte Logos. Zum offenen Prozeß von neuzeitlichem Denken und Theologie, Rom 1992, bes. 419-472. Wenn ich im weiteren Verlauf dieser Untersuchung von „Moderne" oder „Postmoderne" spreche, meine ich in der Regel diese gegenwärtige Phase der „reflexiven Moderne".

[13] J. F. Lyotard, a.a.O., 54.

[14] Vgl. W. Welsch, Unsere postmoderne Moderne, Weinheim 1987; kritisch dazu: W. Ch. Zimmerli, Das antiplatonische Experiment, in: ders., Technologisches Zeitalter und Postmoderne, München 1988, 13-35. Zimmerli siedelt das faktische Einheitsmoment in unserer gegenwärtigen pluralen Kultur – im Gegensatz zu Platon – allerdings nicht mehr auf der theoretischen Ebene der Ideen und Utopien an, sondern auf der Ebene der „sinnlichen Erscheinungen", konkret in der alles vereinheitlichenden Technologie. Die technische Einheitszivilisation und die postmoderne Buntheit im Bereich der Kultur gehören zusammen. Vgl. dazu. H. L. Ollig, Philosophische Zeitdiagnose im Zeichen des Postmodernismus, in: Theologie und Philosophie 66 (1991), 338-364.

[15] F. X. Kaufmann, a.a.O., 19.

[16] Vgl. P. Sloterdijk, Eurotaoismus, Frankfurt 1989; Sloterdijk benutzt für dieses Phänomen den Begriff der „Mobilmachung" unserer gesamten Kultur.

[17] Grundsätzliche Überlegungen zu einer positiven Begegnung zwischen Christentum und „Postmoderne" bei E. Salmann, a.a.O., 443-469.

[18] Ausführlicher zu diesem Thema s. M. Kehl, Die Kirche, a.a.O., 181-188.

[19] B. Rootmensen, Vierzig Worte in der Wüste, Patmos Verlag Düsseldorf 1991, 50f.

[20] G. Schulze, Erlebnisgesellschaft. Kultursoziologie der Gegenwart, Frankfurt 1992; vgl. dazu: A. Foitzik, Anlehnungsbedürftige Egozentriker, in: Herder-Korrespondenz 46 (1992) 510-514.

[21] Darin darf man wohl mit Recht eine moderne Renaissance des alten epikuräischen „Carpe diem" von Horaz erkennen: „Nutze den Tag!" – dies jedoch weder im Sinn der modernen Leistungsgesellschaft noch im Sinn des Neuen Testaments (als Wachsamkeit angesichts der nahen Parusie des Herrn), sondern eben im Sinn Epikurs: „Pflücke die schönen Früchte des Tages und genieße sie!". Nicht zufällig wurde

der Film „Der Club der toten Dichter", in dem dieses Horaz-Wort als entscheidende Maxime für ein ästhetisch-poetisch erfülltes Leben propagiert wurde, Ende der 80er Jahre zu einem echten Kultfilm ...

[22] G. Schulze, a.a.O., 38.

[23] M. Bongardt brachte diese Kombination treffend auf den Begriff: „Ohne Bindung in Verbindung bleiben".

[24] G. Schulze, a.a.O., 307.

[25] Ebd., 312.

[26] Ebd., 541.

[27] Vgl. M. Kehl, Christ und Priestersein in der „Erlebnisgesellschaft", in: Geist und Leben 68 (1995) 64-66.

[28] Vgl. dazu v.a. die in Anm. 3 angegebene Literatur.

[29] Vgl. K. Gabriel, Christentum zwischen Tradition und Postmoderne, a.a.O., 177-192.

[30] K. Gabriel nennt ihn den „fundamentalistischen Sektor".

[31] Vgl. dazu v.a. J. Sudbrack, Neue Religiosität – Herausforderung für die Christen, Mainz [3]1988; ders., Die vergessene Mystik und die Herausforderung des Christentums durch New Age, Würzburg 1988; M. Kehl, New Age oder Neuer Bund? Mainz [3]1989; G. Schiwy, Der Geist des Neuen Zeitalters, München 1987; Ch. Schorsch, Die New-Age-Bewegung, Gütersloh [2]1988; H. Baer, Neue Wege zur Transzendenz?, Hamm 1987; H. D. Mutschler, Physik - Religion - New Age, Würzburg 1990; H. J. Höhn, Gegen-Mythen (QD 154), Freiburg 1994.

[32] Dazu: W. Janzen, Okkultismus, Mainz-Stuttgart [2]1989; B. Wenisch, Satanismus, Mainz-Stuttgart [2]1989; U. Rausch - E. Türk, Geister-Glaube. Arbeitshilfe zu Fragen des Okkultismus, Düsseldorf 1991.

[33] Vgl. M. Kehl, Die Kirche zwischen neuen gnostischen und geistlichen Bewegungen, in: K. Hillenbrand - M. Kehl (Hg.), Du führst mich hinaus ins Weite (FS Georg Mühlenbrock), Verlag Echter Würzburg 1990, 28-40.

[34] Dazu: J. Sudbrack, Sich in Gottes Ordnung bergen, Würzburg 1986; ders., Meditative Erfahrung – Quellgrund der Religionen? Mainz-Stuttgart 1994.

[35] Vgl. „Wir sind Kirche". Das Kirchenvolks-Begehren in der Diskussion, Freiburg 1995; P. M. Zulehner (Hg.), Kirchenvolks-Begehren und Weizer Pfingstvision. Kirche auf Reformkurs, Düsseldorf-Innsbruck 1995.

[36] Es sind in Deutschland im ganzen etwa 1,5 Mio. Unterschriften von katholischen Christen zusammengekommen.

[37] In „Ordinatio sacerdotalis" vom 30. 5. 1994 und in der erläuternden Erklärung der Glaubenskongregation vom 24. 11. 1995.

[38] G. Haeffner, Ein Amt zu lehren, in: Stimmen der Zeit 213 (1995) 233-250 (Zit. 248f).

[39] Vgl. M. Kehl, Plädoyer für eine kommunikative Kirche, in: Pastoralblatt 47 (1995) 71-79; ders., „Unsere heilige hierarchische Mutter", in: Entschluss 49 (1994) 12-16.

[40] Exerzitienbuch, Nr. 353.

[41] P. Wess, Vom Dialog zur Einmütigkeit, in: Anzeiger für die Seelsorge 8 (1993) 349-351, Zit. 349.

[42] Ebd.

[43] A.a.O., 350f. Wess spricht damit das an, was ich mit „kommunikativen Glaubensmilieus" als einer zentralen Perspektive der zukünftigen Kirche in Europa bezeichne (s. 3. Teil!).

[44] Vgl. M. Kehl, Die jüngste Kontroverse zum Verhältnis von Universalkirche und Einzelkirchen, in: M. Pankoke-Schenk - G.Evers (Hg.), Inkulturation und Kontextualität (FS Ludwig Bertsch SJ), Verlag J. Knecht, Frankfurt a.M. 1994, 124-137.

[45] Vgl. J. Ratzinger, Das neue Volk Gottes, Düsseldorf 1969, 205; J. Komonchak, Die Kirche ist universal als Gemeinschaft von Ortskirchen, in: Concilium 17 (1981) 471-476; F. Barredo, Las iglesias. Desarollo de una teología de la iglesia particular en el Concilio Vaticano II, Quito 1983; M. Kehl, Die Kirche, a.a.O., 366-372 u. 378-383. – Weil die einzelnen Kirchen nicht bloß ein „Teil" der Universalkirche sind, klingt der Ausdruck „Teilkirche" sehr mißverständlich. Darum sind die Begriffe „Einzelkirche" bzw. „Ortskirche" (= Diözese) oder „Partikularkirche" (z.B. als Einheit mehrerer Ortskirchen) vorzuziehen. Ähnlich auch J.Ratzinger, a.a.O., 205f.

[46] Genau dies meint der Doppelbegriff „in ihnen und aus ihnen besteht..." in LG 23; „in ihnen" besagt: Die eine Kirche realisiert sich nur in der Vielheit der einzelnen Kirchen; „aus ihnen" bedeutet: Nur die Einheit und Gesamtheit der einzelnen Kirchen bildet die eine Kirche.

[47] Vgl. W. Kasper, Das Petrusamt als Dienst der Einheit, in: V. v. Aristi u.a., Das Papstamt. Dienst oder Hindernis für die Ökumene? Regensburg 1985, 113-138, hier 127.

[48] Vgl. dazu H. Müller - H. J. Pottmeyer (Hg.), Die Bischofskonferenz. Theologischer und juridischer Status, Düsseldorf 1989; W. Kasper, Zukunft aus der Kraft des Konzils, Freiburg 1986, 88-95.

[49] Vgl. G. Greshake, „Zwischeninstanzen" zwischen Papst und Ortsbischöfen, in: H. Müller - H. J. Pottmeyer (Hg.), Die Bischofskonferenz, a.a.O., 97.

[50] Vgl. v.a. die Beiträge von H. J. Pottmeyer (44-87) und G. Greshake (88-115) in: Die Bischofskonferenz, a.a.O.

[51] Zit. nach: W. Kasper, Zukunft aus der Kraft des Konzils, a.a.O., 35f. W. Kasper, der als Sondersekretär der außerordentlichen Bischofssynode 1985 tätig war, umschreibt den theologischen Charakter der

Bischofskonferenzen zusammenfassend so: „Sie sind iure ecclesiastico, aber cum fundamento in iure divino" (W. Kasper, Der theologische Status der Bischofskonferenzen, in: Theologische Quartalschrift 167, 1987, 3). In dem zitierten Text der Bischofssynode von 1985 ist es m.E. fragwürdig, Bischofskonferenzen und römische Kurie theologisch auf die gleiche Stufe der „Teilverwirklichung" von Kollegialität zu stellen. Denn die Kurie ist ja ein ausführendes Organ der gesamtkirchlich-päpstlichen Leitung, während die Bischofskonferenzen auf der „mittleren Ebene" eine eigene Instanz der partikularkirchlichen Gemeinschaft einzelner Ortskirchen darstellen.

[52] Vgl. P. Krämer, Theologisch-rechtliche Begründung der Bischofskonferenz, in: Zeitschrift für Evangelisches Kichenrecht 32 (1987) 406.

[53] G. Greshake, „Zwischeninstanzen" zwischen Papst und Ortsbischöfen, a.a.O., 105.

[54] Nach den Konkordaten von 1929 und 1932 wählt in den deutschen Diözesen (außerhalb Bayerns) das Domkapitel aus einer von Rom aufgestellten Dreierliste den Bischof; in Bayern ernennt Rom (nach dem Konkordat von 1924) den Bischof aufgrund bestimmter vorausgehender Konsultationen direkt. Einzig in Basel und St. Gallen haben die Domkapitel noch das Recht, ohne römische Vorgabe den Bischof zu wählen, der dann von Rom bestätigt wird. „Es hat aber immer der, welcher die Terna (Dreierliste) aufstellt, und nicht, wer aus ihr auswählt, das entscheidende Wort der Wahl; er kann, wenn er will, die Wahl zur Fiktion machen". So K. Schatz, Bischofswahlen. Geschichtliches und Theologisches, in: Stimmen der Zeit 207 (1989) 291-307 (Zit.302); vgl. auch G. Greshake (Hg.), Zur Frage der Bischofsernennungen in der römisch-katholischen Kirche, München 1991.

[55] Vgl. K.Schatz, Bischofswahlen, a.a.O., 302f.

[56] Dies entspricht der altkirchlichen Praxis, nach der die Nachbarbischöfe und die Metropoliten das eigentliche Ernennungsrecht hatten; dem Volk (bzw. seinen Honoratioren) und dem Klerus kam in der Regel das „Vorschlagsrecht" zu.

[57] Ich beziehe mich auf den von der Deutschen Bischofskonferenz veröffentlichten Text, wie er in der Herder-Korrespondenz 46 (1992) 319-323 abgedruckt ist. Vgl. dazu H. J. Pottmeyer, Kirche als communio, in: Stimmen der Zeit 210 (1992) 579-589.

[58] Vgl. Osservatore Romano, 15. 6. 1992, 7f.

[59] Vgl. Anm. 45.

[60] Ich beziehe mich auf den deutschen Text, in: Herder-Korrespondenz 47 (1993) 406-411, v.a. auf den uns interessierenden Abschnitt über „Gesamtkirche und Teilkirchen".

[61] Vgl. H. U. v. Balthasar, Kirchenerfahrung dieser Zeit, in: Sentire Ecclesiam. Das Bewußtsein von der Kirche als gestaltende Kraft der Frömmigkeit (FS H. Rahner), hg. v. J. Daniélou u. H. Vorgrimler, Freiburg 1961, 743-768; K. Rahner, Dogmatische Randbemerkungen zur „Kirchenfrömmigkeit", ebd. 769-793 (auch: Schriften zur Theologie, Bd. 5, Einsiedeln-Zürich-Köln [3]1968, 379-410); H. Fries, Der Sinn von Kirche im Verständnis des heutigen Christentums, in: Handbuch der Fundamentalthelogie, Bd. 3, Freiburg 1986, 17-29; M. Kehl, Kirchenerfahrungen, in: Stimmen der Zeit 208 (1990) 435-446; ders., Die Kirche, a.a.O., 23-38.

[62] Vgl. bes. H. Rahner, Symbole der Kirche. Die Ekklesiologie der Väter, Salzburg 1964; H. U. v. Balthasar, Sentire ecclesiam, a.a.O.; ders., Sponsa Verbi. Skizzen zur Theologie II, Einsiedeln 1961; H. de Lubac, Die Kirche. Eine Betrachtung, Einsiedeln 1968; G. v. Le Fort, Hymnen an die Kirche, München [22]1990; J. Werbick, Kirche. Ein ekklesiologischer Entwurf für Studium und Praxis, Freiburg 1994.

[63] Vgl. Joh 1,12f.; 1 Kor 6,12-20; Gal 4,21-31; Eph 5,21-32; Offb 12,1-6; 19,7; 21,2.9; 22,17.

[64] Vgl. H. U. v. Balthasar, Sponsa Verbi, a.a.O. 203-305.

[65] K. Rahner, Kirche der Sünder, in: Schriften zur Theologie, Bd. 6, Verlag Benziger (Patmos), Einsiedeln-Zürich-Köln [2]1969, 319f.

[66] Vgl. H. U. v. Balthasar, Sponsa Verbi, a.a.O., 174; M. Kehl, Kirche als Institution, Frankfurt a.M. [2]1978, 248ff.

[67] Vgl. auch I. Fr. Görres zu dieser von ihr geteilten Kirchenerfahrung: „Die Schatten und Flecken waren ja allbekannt, betrüblich und langweilig, also nicht weiter schildernswert; die Herrlichkeit dagegen war überraschend, hinreißend und nie genug zu rühmen." In: W. Dirks - E. Stammler (Hg.), Warum bleibe ich in der Kirche?, München 1971, 59.

[68] G. v. Le Fort, Hymnen an die Kirche, Ehrenwirth Verlag München [22]1990 (zit. [3]1948, 28).

[69] M. Kehl, Kirche für die anderen, in: Geist und Leben 49 (1976) 421-434; vgl. Bischof W. Kempf, Für euch und für alle. Fastenhirtenbrief 1981, Limburg 1981; W. Bühlmann, Wo der Glaube lebt, Freiburg 1980; ders., Weltkirche, Graz [3]1988; J. Moltmann, Kirche in der Kraft des Geistes, München 1975; K. Rahner, Strukturwandel der Kirche als Aufgabe und Chance, Freiburg [3]1973; L. Boff, Und die Kirche ist Volk geworden, Düsseldorf 1987.

[70] J. Ratzinger, Das neue Volk Gottes, Düsseldorf [2]1970.

[71] Aus: Unsere Hoffnung. Ein Bekenntnis zum Glauben in dieser Zeit, in: Gemeinsame Synode der Bistümer in der Bundesrepublik Deutschland, Offizielle Gesamtausgabe, Bd. 1 / Beschlüsse der Vollversammlung, Freiburg [7]1989, 99f.

[72] Taizé und das Konzil der Jugend. Vom ersten zum zweiten Brief an das Volk Gottes, Freiburg [4]1979, 78.

[73] Vgl. U. Ruh, Kein Grund zur Resignation, in: Herder-Korrespondenz 47 (1993) 1-3; M. Kehl, Kirche in der Fremde, a.a.O., 516-519.

[74] U. Ruh, ebd., 3.

[75] Vgl. C. M. Martini, Was er euch sagt. Leben aus der Freude des Evangeliums, Freiburg 1989.

[76] B. Rootmensen, Vierzig Worte in der Wüste, a.a.O., 174.

[77] Zit. nach: A. Schleinzer, Die Liebe ist unsere einzige Aufgabe. Das Lebenszeugnis von Madeleine Delbrêl, Schwabenverlag Ostfildern 1994, 248f.

[78] Zit. nach: Franz von Assisi – Geliebte Armut, „Texte zum Nachdenken", Herderbücherei Bd. 630, Freiburg [5]1979, 111f.

[79] H. Schaller, Unter verhangenem Himmel, in: Pastoralblatt 47 (1995) 289f.

[80] K. Nientiedt, Gefürchtet, überschätzt, dämonisiert. Rechtskonservative Gruppierungen im deutschen Katholizismus, in: Herder-Korrespondenz 49 (1995) 477-482 (Zit. 482); vgl. W. Beinert (Hg.), Katholischer Fundamentalismus, Regensburg 1991.

[81] Vgl. M. Kehl, Wohin geht die Kirche? In: Stimmen der Zeit 213 (1995) 147-159.

[82] Viele konkrete und ermutigende Anregungen für ein solches kooperatives und innovatives Gemeindeverständnis finden sich z.B. bei: K. Kugler, Statt Kirche – Stadtkirche, in: Pastoralblatt 47 (1995) 305-312 u. 339-345.

[83] Der Einwand, daß dies gerade älteren Menschen kaum mehr zuzumuten sei, trifft nur sehr bedingt zu; denn Fahrdienste, wie sie für die Diasporagemeinden selbstverständlich sind, lassen sich doch wohl überall organisieren. Wo ein Wille, da ein Weg...

[84] Vgl. M. Kehl, Die Kirche, a.a.O., 438-459. – Sollte diese Unbeweglichkeit noch länger anhalten, wird v.a. der Priesterberuf mit seinen eingeschränkten Zulassungsbedingungen in Europa wohl immer seltener und dadurch weithin als entbehrlich für das normale Leben vieler Gemeinden angesehen werden; das wiederum wirkt auch nicht unbedingt motivierend für weitere Berufungen... In der Frage der Zulassung von Frauen zur Priesterweihe ist durch „Ordinatio sacerdotalis" und die entsprechende Interpretation der Glaubenskongregation eine neue Situation für das theologische Argumentieren geschaffen worden, wozu ich mich in diesem Zusammenhang nicht weiter äußern möchte; vgl. dazu die sehr ausgewogene und klare Stellungnahme von G. Greshake, in: Pastoralblatt 48 (1996) 56.

[85] Vgl. Bischof W. Kempf, Für euch und für alle. Fastenhirtenbrief, Limburg 1981, bes. 89ff.

[86] Vgl. „Sakramentenpastoral im Wandel" (Die deutschen Bischöfe, Pastoral-Kommission 12), Bonn 1993, 21 f.; dazu die Stellungnahme von Pfarrern in: Anzeiger für die Seelsorge (1994) 598-602.

[87] G. Lindbeck, Christliche Lehre als Grammatik des Glaubens. Religion und Theologie im postliberalen Zeitalter, Ed. Chr. Kaiser, Gütersloher Verlagshaus, Gütersloh 1994, 196f.

[88] Ebd.

[89] Vgl. „Sakramentenpastoral im Wandel", a.a.O., 21f. – Eine ganz dringende Aufgabe für unsere liturgischen Institute!

[90] In immer mehr Gemeinden bewährt sich ein differenziertes Angebot für Eltern und Kinder bei der Vorbereitung zur Erstkommunion; d.h. die Betreffenden können selbst wählen zwischen einer längeren oder kürzeren, intensiveren oder einfacheren Hinführung, ohne daß sich dadurch jemand bevorzugt, diskriminiert oder unter Druck gesetzt fühlt. In Münster (und vermutlich auch anderswo) hat sich offensichtlich auch ein vielfach differenziertes Angebot der *Firmvorbereitung*, an dem sich auf Stadtebene mehrere Gemeinden beteiligten, gut bewährt. Phantasie und großflächigere Zusammenarbeit können sogar in der Sakramentenpastoral noch „Erfolgserlebnisse" bescheren...

[91] Das Gegenargument, hierdurch würden zwei „Klassen" von Christen eingeführt, zieht deshalb nicht, weil es diese zwei „Klassen" kirchlich-gesellschaftlich längst schon gibt – nämlich aktive und inaktive Mitglieder, wobei letztere ihre Form der Mitgliedschaft durchaus als legitim ansehen. Mein Vorschlag zielt einfach darauf, diese schon geschehene Differenzierung nicht durch unsere Sakramentenpastoral nur weiter zu verschleiern, sondern öffentlich zu bestätigen und verantwortbar darauf einzugehen.

[92] Vgl. A. Biesinger, Kinder nicht um Gott betrügen, Freiburg [5]1995; ders., Erstkommunion als Familienkatechese, in: Christ in der Gegenwart, Artikeldienst, 1995.

[93] Daß dies keineswegs nur dem Einfallsreichtum und der Initiative einzelner Gemeinden und ihrer Verantwortlichen überlassen bleiben sollte, sondern systematisch unterstützt und ausgebaut werden kann, zeigt z.B. das sog. „Rottenburger Modell", das eine vom Bistum Rottenburg-Stuttgart konzipierte und begleitete mehrjährige Gemeindeerneuerung und Gemeindeentwicklung vorsieht. Vermutlich gibt es in anderen Bistümern ähnlich strukturierte Neuansätze.

[94] In: Herder-Korrespondenz 46 (1992) 489-491.

[95] Wichtig scheint mir, daß durch eine Vielfalt von Themen und „Formalobjekten", unter denen sich solche Kreise sammeln, eben sehr verschiedene geistliche Profile unter den Gläubigen angesprochen werden können.

[96] Zur Phänomenologie und Theologie der neuen geistlichen Bewegungen vgl. bes.: W. Schäffer, Erneuerter Glaube – verwirklichtes Menschsein. Die Korrelation von Glauben und Erfahrung in der Lebenspraxis christlicher Erneuerung, Einsiedeln-Zürich-Köln 1983; N. Baumert (Hg.), Jesus ist der Herr, Münsterschwarzach 1987 (darin u.a. die Beiträge von K. Lehmann, Neue geistliche Bewegungen – warum und wozu?, 113-127; P. J. Cordes, Neue geistliche Bewegungen in der Kirche, 128-149); Fr. Valentin (Hg.), Neue Wege der Nachfolge, Salzburg 1981; J. Müller - O. Krienbühl (Hg.), Orte lebendigen Glaubens, Freiburg i. Ue. 1987; Fr. Valentin - A. Schmitt (Hg.), Lebendige Kirche. Neue geistliche Bewegungen, Mainz 1988; Fr. Eisenbach, Der Beitrag der neuen geistlichen Gemeinschaften und Bewegungen in der Kirche heute, in: Jahresbrief 1994 des Kath. Evangelisationszentrums Maihingen, 13-43; M. Kehl, Communio konkret, in: Lebendiges Zeugnis 49 (1994) 57-61.

[97] M. Kehl, Es ist was es ist. Die kritische Liebe zur Kirche, in: Christ in der Gegenwart 45 (1993) 422.

[98] E. Fried, Es ist was es ist, Verlag Klaus Wagenbach, Berlin 1983. Mit freundlicher Genehmigung des Verlags.

Nachdenken über Kirche

Jürgen Werbick
Kirche
Ein ekklesiologischer Entwurf
440 Seiten, gebunden mit Schutzumschlag
ISBN 3-451-23442-4
440 Seiten, Paperback
ISBN 3-451-23493-9
Werbicks bahnbrechender ekklesiologischer Entwurf zeigt
in eindringlicher Reflexion die Spannungen auf, die die Erfahrung von Kiche und sakramentaler Praxis bestimmmen
und immer wieder neu zur Rückbesinnnung auf die Wurzeln provozieren. Eine Lehre von der Kirche, die insbeson-
dere den irdischen Weg der Kirche im Auge hat.

Karl Lehmann
Kirche werden – Welt wagen
Strukturen, Vollzüge und Brennpunkte heutiger Pastoral
ca. 400 Seiten, gebunden mit Schutzumschlag
ISBN 3-451-23978-1
Erscheint Mai 1996
Ermutigung und Orientierung zu aktuellen Fragen der Pa-
storal. Eine Argumentationshilfe von Bischof Lehmann zu
den Kernfragen des kirchlichen Alltags heute.

Herder Freiburg · Basel · Wien